大展好書 好書大展

大展好書 好書大展

社會人智囊

8

人際圓融術

澁谷昌三 著
陳蒼杰 譯

大展出版社有限公司

序言

在宴會上，二個男士同時接近一位有魅力的女性，在離別的時候，二個男士同時向那女性提出再見面的要求。

女子給二位男士的回答是：「能和你們愉快的談話，我很高興，但是才剛認識，我無法回答這個問題。」

如果你是那二個男士，對那女子如此含糊的回答，會作如何想？通常一般會有以下兩種想法。

第一種想法是：「她其實對我印象還不錯，如能拿到她的電話號碼，再一次邀請，她應接受。」

第二種想法是：「唉！果然不行，等下一次若有機會再見面多好。」

為什麼同一句話，會有如此截然不同的反應產生？有第一種想法的男子自信心較強，總認為自己在於人際關係方面會是成功的一方。相反的，持第二種想法的男士自信心較差，總認為在人際關係上自己會是失敗的一方。由於自信心的強弱，造成同一句話，有二種完全相反的反應。

自信心強的人，會很喜歡自己，會對自己的能力、魅力加以肯定，甚至會高估自己，認為自己一定是「無往不利」的，因此無論在人際關係或工作上會採取較積極主動的態度。

例如，在公司裡，主管指示一份企劃必須重新製作，這時，若是具有高度自信的部屬便會認為，其實自己的企畫基本上是可以的，只不過有一些小瑕疵，只要稍加修改就可以了。

俗話說：「寧為雞首，不為牛後。」意思就是說，寧可在小團體中作為一個領導者，也不要在大團體中成為一個被領導的人。因為成為一個領導者，會更加強自己的自信心。

「一技在身勝過萬貫家財」，這句話可用正面解釋成，若能有一種別人所無法仿效或超越的技藝在身上，一旦遇到人生的阻礙或關卡，就較能夠自信滿滿，安然地渡過。擁有這樣特殊的氣質或素養的人，容易高估自己本身的一切，而更有自信心。

照這個觀點，相同的一句話，可因「自信」這一個變數而有不同的反應。因此，我們可利用心理學上許多學理作客觀的判斷，用以了解自己利他人的想法。

本書用日常生活中容易遇到的情況作為例子，從心理學的角度去解釋「為什麼會這樣？」同時也以心理學的學理作為根據，提供遇到狀況時的因應辦法。

本書採用「菜單式條例」的方式，在遇到人際關係的煩惱時，可選用適合自己的「藥品」（解決方式）服用。同時，也可在情緒低落時，找出自己適合的方式來振奮自己的士氣。

想了解自己和別人的內心世界；或是想和別人保持良好的人際關係；或者是想和異性有更進一步的親密關係。本書將提供有效的方法，若能因此而解決各位的問題，將是作者的榮幸。

最後，感謝在本書編輯及企畫方面幫助甚多的PHP研究所的大澤拓也先生及立川幹雄先生。

澀谷昌三

目錄

第❶章 誠實的人不會吃虧

第❷章　臉上帶著笑容，內心卻在哭泣

第3章 戀愛也有藥嗎？

第❹章 做不到便立刻放棄

第⑤章 他山之石可以攻錯嗎

第❶章

誠實的人不會吃虧

①說謊也是一種必要

●說謊是一種權宜之計

「我不是存心要說謊的，是真的想去做，只是事情結果不順利而已。」雖然他用這些話爲自己辯護，但仍被指責爲「只爲自己打算」，最後不得不引咎辭職。這是並非有意說謊，卻被指責爲撒謊之日本前首相的例子。

收到賄賂的官員說「沒拿到賄款」是一種惡意的謊言，這是絕對不行的，但爲了對方著想的 善意謊言卻是可以被原諒的，因此才有「爲方便而說謊」的說法。

●你會說謊嗎

放羊的孩子因爲無聊，而對著山下的村民喊：「狼來了，狼來了。」他看著村民慌張地上山要趕狼的模樣，覺得很有趣，而拍手大笑，村民不知道受騙了。等到第三次放羊的孩子又喊「狼來了」，而狼竟真的出現時，再也沒人要救他了。

我們總是用「放羊的孩子」這個故事來教導孩子不可以說謊。

據心理學家研究，孩子們説謊的原因，是爲了解除父母加在身上的束縛，因此，若孩子有説謊的情形，就表示與雙親開始產生代溝。同樣的，一個新進的員工，若開始會向上司撒些小謊，也就表示他不再是一個唯命是從，而開始有自己主張的人了。

●被巧妙利用的謊言

我曾對「説謊」一事進行調查，得到以下的例子。尚未結婚的護士向患者説：「我也有一個孩子。」因爲這樣，才能和患者聊得更坦誠。

有位課長接到上司退回重寫的文件，課長並沒有交給原文件承辦人重寫，而是自己重寫後交上去，並告訴上司是由原承辦人所重寫的。課長明知這樣做是不對的，但他認爲，這樣做讓文件能更順利地通過，而工作也可順利進行。

只要不傷害對方的自尊，或使對方有實質上的損失，只是想讓社會生活更順利，説些無傷大雅的謊言是很必要的。這就是那位課長的想法，也就是「巧妙利用謊言」的實際例子。

有一位三十五歲的股長，每年都將自己年終獎金的數目向朋友少報，讓朋友高興。這個例子，雖然是站在對方的立場爲對方著想，但同時，也因爲「實際上我的獎金還不止這些」，而滿足了自己的自尊。屬於一個自我滿足的謊言。

●運用謊言

這是一個發生在較早以前的例子。

據說，吉田松陰對一個在松下村塾中的膽怯少年說：「你看起來很有前途，將來必可成爲一位大政治家。」

可能松陰在說這話時心裡卻想：「這孩子看起來真沒出息。」而卻說出與心中所想的完全相反的話來鼓勵這個少年。

而這個被鼓勵的少年，就是後來成爲明治時代的第一位首相（當時叫俊輔）伊藤博文。由這故事看來，後來成爲俊輔的少年是爲了不辜負松陰的期望而努力。

在先前的調查中，另有一例，一位公司主管坦誠自己故意對部屬說反話，事後覺得心有愧疚並認爲遲早會說出實情。像這樣的謊言，其目的只是爲了讓部下提高工作意願。

美國的心理學家R·羅森梭爾等人曾進行以下的心理實驗。

那是一個學習能力預測的測驗。讓小學老師收到一份假的測驗結果報告書，在假的報告書中，約有二〇%的小朋友的成績，比正確的成績高。

半年過後，再對同一群小朋友進行相同的測驗，結果發現，在前一次結果中被「高估」的學生，其成績都有顯著的提高。

這是因爲，老師對報告書中被評爲「學習能力高」的學生寄予較高的期望，而那些學生爲了不辜負老師的期望而努力著，因此使成績顯著的提升了。

這種以小學生爲對象的實驗，放在其他情況中所得到的結果亦大略相同。

公司的報告書上寫著「他（她）將來是個有前途的職員」，這句話其實多少有說謊的成份。但是接到這報告書的上司對這個下屬的態度會有所改變，也許是更看出下屬的優點或是體諒他，而使這個下屬在工作上更進步。

被評爲「有能力的部下」而使上司期望之，因爲期望而促進了員工的工作士氣，這是「用奉承培育人才」的一個例子。

●説謊是不應該的

有一句話：「説謊是做賊的開始。」據英國的調查，小時候有説謊習慣的孩子，有三分之一在長大後成了竊盜的罪犯。

不管怎樣的理由，説謊都是不應該的，説話還是要本著良心，適當對應才是。

② 真心總在無意中流露

●注意甜言蜜語

我們總希望知道身邊的人，或妻子或丈夫，或上司或同事的心裡真正的想法，但實際上，不知道可能比知道好的情形很多。

當有人說「我好喜歡你」的時候，不要疑心「他是不是對我有企圖」，敞開心胸去接受，因爲「大概是我很有魅力，所以他喜歡我」，這樣想的人是最幸福的。

事實上，許多人容易被甜言蜜語所欺騙，因而悔不當初，因此，我們要特別留意身邊的甜言蜜語。

雖然明知對方的真意，但不說出口，只是很溫柔地對待他，是關懷他人的好方法。

●親切待人的言行

我去蜜月旅行時，和太太在陌生的街上閒逛，卻被一中年婦人問路，可能是看起來很像當地人的關係。

在電器行中被其他的客人以爲是店員，而被要求説明介紹冰箱；在火車站的候車室被委託看管行李；在醫院排隊等待掛號時，有人拜託代爲排隊。我想，和我有類似經驗的人應不少。

曾有如下的心理實驗。

有AB二人初次見面，見面之前，告訴A，B是個溫和親切的人，結果，比先告訴A，「B是一個不親切的人」，的情形下二人談話更順利。

相反的，若先告訴一人「你要讓對方覺得你是一個好親近的人」，及說「你要讓對方覺得你是一個不易親近的人」，前者要比後者更能讓二人接近。

也就是說，親切的人別人較易接近，相反的，若常想「我要親切待人」的人，就更能與別人親近。

「她(他)身邊常有人陪伴」你有這樣的朋友嗎?這是因爲「親切心」使他具有魅力，而吸引了身邊的人。

喜歡孩子的人，身邊自然有小孩子包圍；而喜歡小孩的人看到小孩就會主動去接近，這和「親切心」的道理是一樣的。

同樣的，喜歡貓狗的人，看到貓狗就會上前逗弄；或抱起小貓小狗，甚至將臉貼上。

而動物們是很敏感的，它們會知道誰是喜歡它們的人然後親近之。

●傳達你的期望

她向他說：「我對你的將來寄望很大。」但他卻認爲：「她真的肯定我的未來嗎？還是只是奉承我而已。」而有很大的不安感。

爲什麼他會有不安感？

據美國的調查研究顯示，一個小學的教師，面對一個他寄予厚望的學生時，會有以下的言行。

①、當學生答對問題時，給予極大的讚美。

②、當學生答錯問題時，給予一些提示，並要求重新回答。除了言語以外，在肢體語言（非語言溝通）上，也會有不同。

③、與學生談話時上身前傾。

④、視線與學生的視線相投。

⑤、常點頭。

⑥、常微笑。

以上即是一個老師在對寄予厚望的學生時的舉動。探身、目視、點頭、微笑，這些就是表現期待的方式。

「我對你期望很高」當她說這句話，而他會懷疑的原因，就是因爲她沒有正確表達出她的期待感。

●一七〇公分是說謊的距離

我曾做一個實驗，要求一個曾經有不愉快經驗的人，要他對另一個與他有相同經驗的人說謊，將他原本是不愉快的經驗，說成是既快樂又有意義的。

結果發現，說謊者在對對方說謊時，與對方的距離約是一七〇公分左右；若是說實話，則與對方的距離約一〇〇公分。

人在說謊時會想距離對方遠一點，有時會因狀況不同而距離有異，但一般說來，說謊時的距離大約是一七〇公分。

若說話者面對的是受話者的背部，則不論說謊與否距離都差不多，可能是因爲沒有面對面，不必看著對方的眼睛，較容易說謊。

因此可了解，若有人要說重要的話，卻背向你，或站在比以往更遠的距離，或說起話來吞吞吐吐時，那表示，說話者的心裡可能有所愧疚。

●說謊的演技

說謊時不僅在距離上會與平日不同，說話方式、舉止動作也會和平常有異。

第一、說話態度或舉止動作

①要說謊時，會避免對話中斷，而與對方敏捷應答。

②說話時會顯得不自然，並想儘快結束談話。

第二、表情和動作易露出馬腳

①說謊的人會將手交握或將手放入衣袋中藏起來。

②說謊時，會增加用手摸鼻、口及周圍的動作。

③必須說謊時，笑臉減少，多點頭。

④說謊時，女性會比平時更凝視著對方，而男性則易錯開對方的視線。而另一種說法則是認爲，不論男性或女性，在說謊時都會錯開對方的視線。

根據研究結果顯示，直接面對面的談話，比用電話容易說謊，一般人也許會不認同這種說法，而認爲用電話比面對面容易說謊，這就是「人類心理」有趣的地方。

說謊的演技

將手放入衣袋中或將視線錯開

用電話時，可將注意力集中，在談話上，容易理解複雜的語句而發現錯誤及矛盾之處。

而面對面談話時，容易被舉止動作、表情等影響而分心，忽略了談話的內容。

若是一件用電話就可解決的事，而對方卻以「電話不能詳談」而要求面談時，就該有「說不定有陷阱」的疑慮。

③真心待人與表裡不一的人

●用高價的禮物試探其真意

二人共同合作一件工作，終了時，給二人報酬。給A一份非常大的報酬（十萬元），而B的報酬則較少（三萬元）。二人作同一份工作，但只優遇其中一人，結果會如何？

實驗結果，得過大報酬的A認爲「不公平，且有罪惡感」，並「對提供報酬者無好感」。

A並表示「人是有良知的，光自己得到特殊待遇是不對的」，大多數的人可能會滿意這種說詞，但可能也有人會懷疑「這是真心話嗎？」

後來，用了測謊器（Polygraph）作同一項實驗，意外的發現，得到過大報酬的人表示「並沒有罪惡感」及「今後願意繼續和報酬提供者一同共事」。二次實驗結果相當的矛盾，參加第二次實驗的人認爲「既然用了測謊器，說謊就會被查覺，還是說實話了」。由此可知，這才是真正的實驗結果。

「我没有權利得到這麼大的報酬」，這不過表裡不一的說詞罷了。

我們會因得到過大的報酬而有「我的價值被高估」的滿足感，並對報酬提供者給予正面的評價。

一個女性說「這是前日你幫我的一點謝禮」，並給對方相當昂貴的禮物。

也許對方會說「我没有理由拿你這麼貴重的禮物」，並表現出表裡不一的憤慨。其實心裡正認爲：「她很喜歡我，所以才感謝我的幫助。」

面對一份過大的禮物，先不要太高興，說不定只是一場空歡喜。

●如何提高工作意願

若上司說：「這是個簡單的工作，你好好努力吧！」

泰半的屬下都會說：「無論如何我都會好好努力的。」其實這只是表面的回答而已，心中真正想的是：「竟然要我做這麼簡單的工作。」而心生不滿，並且使工作士氣低落。

其實每個人都有「高意願」的達成欲求。並會避免失敗的不安感，即所謂「失敗迴避欲求」。實際上，這兩者欲求程度不同，對工作的成績也各有差異。

曾以美國空軍預備軍官爲對象，進行一項心理研究。

在測驗之前，告訴參加測驗的軍官：「這次測驗的成績，將會影響將來的前途。」讓參加者有「不能失敗」的緊張感，藉以提高參加者的「失敗迴避欲求」。

另外一群軍官參加同一份測驗，但在測驗之前並沒有告訴他們那一番提高失敗迴避欲求的話，甚至暗示他們「即使成績很差，也沒關係，並不會對各位有任何影響。」等等。

測驗的結果，達成欲求高者（第一組）比低者（第二組）的成績要好很多。而在第一組中，即使有達成欲求高的人，受到「即使成績不好也無所謂」的話，而使成績無法升高。

達成欲求高的人，有非常强烈的意願想避免失敗，因此成績會有顯著的上升；換句話說，若是沒有「不能失敗」的緊張感，成績便不會提升。

若給一個達成欲求高的部屬一份困難度十分高的工作，並勉勵他：「這份工作的成果關係到你的將來，好好努力吧！」這樣的話，那個屬下必會發自內心地努力。

另外，還有以下的發現。

第一、達成欲求高，失敗迴避欲求低的人，會現實地選有價值、不容易失敗、困難度中等的工作。

至於達成欲求高，又不怕遭到失敗挫折的人，給一個適合他能力的工作較好，也許那些人表面上會表示：「給我這麼困難的工作，真傷腦筋。」其實心裡卻已期許自己「一定要成功地完成這個工作」。

第二、達成欲求低、失敗迴避欲求高的人，會選擇很容易，任何人都能完成的工作，或是相反的，選擇十分困難，幾乎不可能完成的工作。

至於那些無心在工作上，又不能承受失敗挫折的部下，我想誰都會派給他簡單的工作。也許他表面上會埋怨：「竟然要我做這麼簡單的工作」。事實上，心裡卻因工作簡單而鬆了一口氣並努力去完成工作。

對於雖有很好的能力，但害怕失敗，達成欲求又不高的部下，可給他那種「無論是誰去做都會失敗」的工作，但是勉勵他「特別交待給你」。

這部下在表面上可能會說：「我也無法達成。」真正心裡卻想：「反正失敗也無所謂。」而提高工作意願。

④ 多話的優點和缺點

●話多而受歡迎

「我覺得這樣做較好。」發言的人，被選上企劃的負責人。在無意中說了一句：「大家一起去喝一杯。」因而被選上餐會的總幹事。

有過這類經驗的人會認爲：「本來想提出意見的，但可能會給自己帶來麻煩，考慮的結果，決定不發表意見。」於是在之後不再發表意見。

在會議上很積極發言的人，容易成爲領導者，這是用經驗得來的事實。因此有人會因不願成爲領導者而不說話。

據心理實驗，在集體討論的時候，最常說話的人會被認爲最適合成爲領導者。而事實證明亦確然如此。

如何說話，才能說得恰到好處，恰如其分。

一對男女對話，將其對話錄下，其中一人所說的話占二人對話的八○%、五○%、二○%。調查他人對說話者的印象。

說話佔八〇%的男性或女性，被認爲是「溫馨的、友好的、有智慧的、很懂社交。」而說話佔二〇%的男女，則被視爲「冷漠、不友善、無知、不懂社交。」

至於五〇%說話的男性與女性，給人的印象則介於二〇%及八〇%之間。

說話量佔全部對話八〇%的男性，除了先前的評語外，另外會給人「不關心別人，不懂得替別人想」的印象。一般而言，喜歡說話的女性，不會受到惡意的批評，但是對於愛說話的男性，則會有「人雖然不錯，卻不會爲人著想。」等較負面的評價。

●提高「贊成意見」的氣氛

在討論中，有人說：「某人提出某意見，大家贊成嗎？」這時若能配合著這句話，一部分人拍手，一部份人大聲說「贊成」，在這樣的氣氛下，很容易達成滿場一致贊成的場面。

這就是所謂「樂隊車效果（Band wagon Effect）」（也可稱作潮流效應）。樂隊車是指祭典時遊行隊伍中吹吹打打，製造熱鬧氛氛的車子。

祭典時，聽到笛、鼓等喧鬧的聲音，會使人的情緒激動高昂起來。利用聲音（在會議中則是用拍手及贊成的聲音）來提高氣氛，就是所謂的潮流效應。

提高贊成意見的氣氛

只要有人大聲說「贊成」，周圍的人便會附和，贊成此提案

「住口！」「退場！」這一類開汽水的聲音，是提高反對意見的潮流效應。總言之，只要利用潮流效應，一定會使會場氣氛有所改變。

潮流效應可在提案未經充分討論下，只利用氣氛的帶動便決定提案通過與否。但這個方法並不是很好，事實上，這方法還是少用的好。

潮流效應成功的關鍵，在於使用的方法，因此在討論前，必須做好紮根的基礎工作。例如，交待一份很困難的工作給一群小學生，事先交待一部份小朋友，在徵求志願工作者時，踴躍自願答應。這就是所謂基礎工作。果然，在徵求自願者時因氣氛熱絡而志願者大增。

無論有多麼好的意見，若是沒有贊成的氣氛是無法得到衆人的支持，這個時候，就可以運用「潮流效應」。

雖説「禍從口出」、「沈默是金」，實際上，不説話是很吃虧的。悶不吭聲的人常被認爲是冷漠、個性抑鬱、内向的，不易接近之人。

一個常發表意見，又願意承擔責任的人，常被認爲是具領導能力的。

同時，只要有人帶起話頭，便容易帶起大家談話的情緒，即使只是沒有目的地閒聊也無所謂，所以大家應該要積極地發表自己的意見才好。

⑤多話的人使人敬而遠之

●朋友之間的尷尬空間

以下是我在東京地鐵的經驗。

我正在看雜誌，忽然現頭上有人用英文飛快地交談，我用眼角瞄到，我的兩旁是二個外國人。頓時我覺得很尷尬，這感覺一直持續到下車。

曾做過一份調查，發現若是坐在朋友（或是二個認識的人之間）中間，做必須集中注意力的工作，其工作成績將不理想。

若是坐在二個陌生人中間，作業量比與二個熟識的朋友坐一起（三個人都認識）來得多，錯誤也較多。

尤其若是坐在二個陌生人的對面，而對面的二個人卻互相認識，這種情形會更顯著。

而單獨一人作業時所得的結果則是最好的。

和同伴一起工作的效率比一個人時來得低。若同時被二個陌生人夾在中間，緊張感會增加，作業量也會提高，而錯誤也相對增多。

二個朋友在一起，容易形成共同空間（又叫社會空間）。前面所說的尷尬，是被二個外國朋友所形成的社會空間影響而產生的結果。

若和帶著情人的朋友去喝酒，自己會有無法形容的被冷落感，那是因爲自己侵入了二個情人之間的社會空間。「三人旅行，一人乞食」意爲三人共事，其中一人必被排擠。三個人在一起說話，有時只有二個人很快樂的在說話，其中一個人會被冷落而覺得掃興，那是因爲二個人已形成了社會空間。

若一對男女已形成社會空間，則第三者若加入會顯得尷尬，要避免才好。

●社會空間會阻擋他人侵入

據加拿大的人類學及社會學者E·克夫曼的觀察，有人迎面而來時，行人會爲了決定向「左方閃躲或右方閃躲」而注視來人，一直至兩人相距二·四公尺爲止。

在人行道或走廊下行走時，與迎面而來的人距離愈近，有時會有緊張感，尤其迎面而來是一對男女時，感受更甚。

據調查，在走廊下，一對男女站在那說話，路過的行人，避開二人通行的比例（迴避率）是九二％。若二人只是站著並不說話，則迴避率減爲三七％。

若是二個女性站在那說話，迴避率爲九一％；二個男性站在那說話，迴避率則爲六八％；不說話則比例在八％至二五％之間。

二人說話時，旁邊的人會判斷其社會空間，而避開二人。尤其是一對男女或二個女性時，排拒他人侵入的特性更强。

若二個人站在道路的兩側，而路人必須從二人中間通過，通常會有以下情形。

據觀察，行人大多會低頭，視線看著地上，或閉上眼睛等以極不自然的表情通過。

提供進化論的達爾文說：「縮小自己是讓步的表示，有抑制他人攻擊的效果。」

要通過社會空間的人，可能是「縮小自己」讓步的表示，並表達自己並不是故意要無禮的。

⑥令人懷念的人的說話方式

●以朋友的方式說話

影評家水野晴郎在每一次電影解說的最後都會說：「確實很有趣，下次再見。」同樣也是影評家的淀川長治先生，則是揮揮手，說：「下週再見。」當時他這個舉動成了熱門話題。

這二人除了解說很有趣之外，事實上，提高二人名氣的則是「下週再見」這句話。用以下的口氣說話，會增加別人的好感。

①「下次再見。」「以後會再見面。」這樣，別人對你的好感度會增加。「又要見面了。」這句話會被誤解爲因義務才「不得不見面」。

②說「我們……」比說「你和我……」來得好。說「我們」這句話，有「咱們的意識」，强制二人一體的感覺。

「這件事我們一起解決。」「我們二人一起解決問題。」「我們一起來做……」這樣說可强調朋友的感覺。

●以老朋友的口氣說話

一句話的接近度，表示和對方談話的距離。若想接近對方的心理距離時，用近距離的話可提高接近度。

接近度高，表示親密或好感；相反的，接近度低，表示疏離及不好的感覺，以下是表現接近度的例子。

①說「我喜歡某小姐」，比說「我喜歡她」的接近度要高。

②「我想找某小姐」，比「我必須找某小姐。」接近度高。

③「我們的感情很好」（現在進行式），比「我們曾有美好回憶」（過去式）的接近度要高。

④「我認爲會成功」，比「你認爲會成功吧。」或「他們覺得會成功嗎？」的接近度要高。

用這樣的語氣說話可能會被認爲「稍微過份親密」，但能使對方認爲二人已是很好的朋友。

●直呼對方的名字

一家鄉村俱樂部服務台的女服務生，將曾光顧過的顧客的臉及名字一一記住，平均一天約記八人，至今，已記住的客人約有一萬多人。

對一位很久沒來的客人直呼其名，會使對方驚喜地說：「你還記得我。」使得距離縮短。

這個女服務生直呼客人的名字，使客人很高興，但並不是每個人，每個地方都適用這個方式。有以下的實驗。

一位男子，和一位初認識的女性閒話，十五分鐘之間，直呼女性的名字六次。這個男子，被與之談話的女性批評爲「虛僞，過度與人接近，似乎拼命要給別人好印象。」

這實驗顯示出，若和初認識的朋友說話，每二～三分鐘就叫一次對方的名字，會得到不好的效果。

我曾在西服店買一套西裝，不久，接到西服店問候的明信片，令我驚訝的是，在寫著「穿著舒服嗎！」這樣一張問候短箋中；我的名字出現了四次。

坦白說，這張名信片有拍馬屁及過度親密等不愉快的感覺。這樣親率地反覆叫著我的名字實在不是一件有趣的事。

但在名片交換之後，可養成當場記下對方的名字及相貌。即使是剛認識的朋友，說「某先生你好」，比只說「你好」要親切得多。

用令人有好感的話，或說接近度較高的話，會使人想再見面。因爲見面時很愉快，所以會令人懷念。

⑦ 為什麼喜歡説別人的閒話

●積極地説閒話

「她最近被男朋友甩了。」

「他們曾經那麼親密，真想不到。」

「她來了。」

談閒話總是使人樂而不疲的，爲什麼會喜歡説別人的閒話呢？

第一、因爲説閒話可減緩緊張的心情。原本説閒話就有Katharsis（德文、精神發洩）的效果。

一面喝酒吃零食，一面説上司或競爭對手的閒話，可使心情愉快。

有些人會編派自己喜歡的人的不是，是一種反彈心理（因爲想坦白自己的心情，卻又有障礙，因而有言行相反的情形）。這時若聽者同意説者的話而點頭表示贊成，則説者會覺得聽者「很討厭」，這種因附和對方的話而被討厭的情形要特別注意。

第二、有時爲了辯護自己的慾望或行爲，並將之正當化，便會以説閒話的方式來表達。

例如，有憎恨某人的心情，卻又不敢明白表示，這時就會用說閒話的方式，不經意的說：「聽說某先生如何如何，不知是否如此。」由此來表達自己負面的情緒。

第三、不十分了解事情的真相時，會照著自己喜歡的情況去猜測而自我安慰。例如，因聽到某歌手得癌症去世，而自己本身也很害怕癌症而不安的人，便會和朋友聊天，說：「演藝界的人因為太忙，忙到沒時間到醫院檢查，當然會拖成重病。」

第四、在說別人閒話的時候，覺得自己有優越感。因為這時若聽者也想聽這些謠言，便會要求說的人透露更多的消息。

有關政治、經濟的消息、考試的或與自己喜歡的異性有關的，是大多數人願意豎起耳朵來注意，因此提供這方面新聞的人會站在較優位。

閒話，是最佳的下酒菜，但隨口說出的話可能會傷害到別人，同樣的別人也可能因此而傷害自己；同時，謠言總是會同滾雪球一般愈滾愈大，愈來愈嚴重。因此，我們要牢記「禍從口出」這句話。

●閒話的根源

「聽說他和她很要好。」

「你從那裡聽來的？」

「你從那裡聽來的？」這是去追溯閒話的來源，而閒話是有許多傳播路線的。

第一、親戚與朋友是二個最大的管道。

在一個群體中，將所有認識的親戚朋友用線連起來，可描繪出人際關係相關圖（Sociogram 即社會關係圖）。

小道消息容易沿這關係傳開。不知道自己群體中謠言的人，表示自己並不受此群體歡迎，因此才聽不到。這個人很可能已被排擠在此群體之外，若是這樣，則必須加强改善自己的人際關係才好。

第二、集團内的等級制度Hierarcht（階層性）很明確，若在上位的人有魅力或價值時，小道消息容易由下往上傳去。

此時，小道消息被利用成爲升遷而提供的「資訊貢物」。因此，向上司報告最新消息或在同事耳邊説別人的閒話，成爲那些想爬升的人最常利用的手段。

第三、團隊精神强，想互相溝通的壓力增加時，容易有小道消息產生。

人際關係緊密時會有「不能不告訴對方」的想法，因此會一聽到消息就去告訴他人

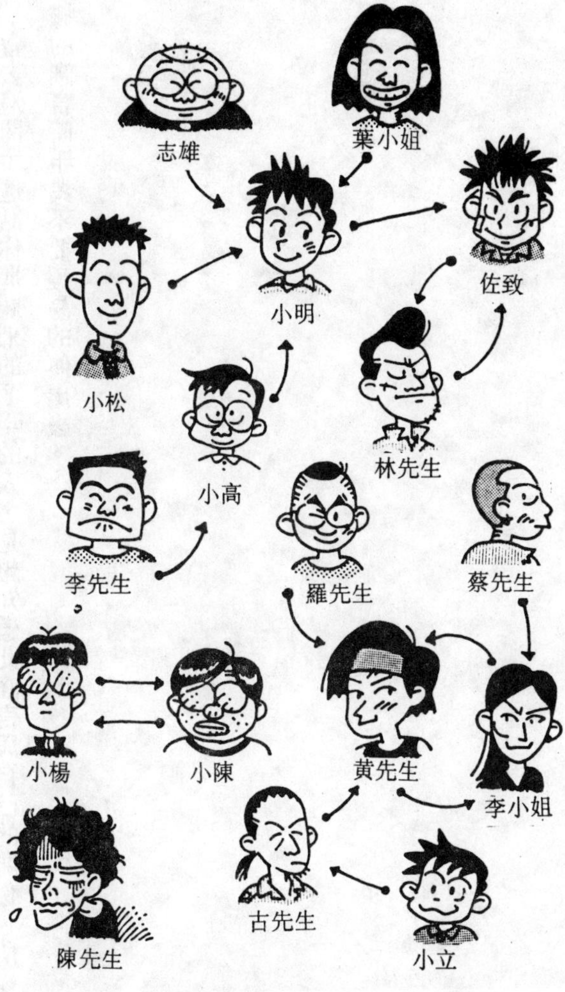

社會關係圖（Sociogram）

將親戚、朋友用線串聯起來

「這事你知道嗎？」

會去追問「這話你那聽來的？」的人，是想知道此謠言與自己的關係，所以，聽到無根據的謠言時千萬不要輕易的傳出去。

⑧謠言易以如下的過程被扭曲

●謠言被扭曲的條件

九月十五日下午，有人看到拓也先生在京都飯店前，與一位年約二十三歲的女性以嚴肅的表情站著說話，不久二人就一起離開。

有一個圍著營火的「傳話遊戲」。約十人排成一列，由最前面的人聽一段話，然後依次傳話給後面的人，傳到最後一人時的話，通常都與第一個聽話的人所聽到話大不相同。這個遊戲，是由傳話內容錯誤最少的隊伍獲得優勝。一般而言，由於最後一人聽到的話與第一個人聽到的話有很大的不同，而引得大家捧腹大笑。

美國的心理學家G·W·歐波特，列舉了謠言被扭曲的三個理由。

第一、話的內容被「平均化」。內容中較細節的部份易被疏漏，尤其是較陌生的地名、時間、形容詞及副詞。

例如一開始的那一段訪中。「下午」、「用嚴肅的表情」等被疏漏，原來的話變成

「拓也先生和年輕女性在京都飯店前說話，不久後離開。」

第二、爲補定被疏漏的細節，會配合自己關心注意的部份，强調一段話的其中一部份。

以前段話爲例，因不知兩人說話內容及之後去向，隨自己高興增加成「拓也先生在飯店前引誘年輕女性」。

第三、由於聽話的人態度及經驗，話題被合理化。

前之例，認爲拓也先生是個花花公子的人，便會修改成「拓也先生在飯店前搭訕年輕女性，成功後雙雙進入飯店中。」

最後，原本的這段話將被扭曲成「拓也先生和年輕女性在飯店過夜」。

●產生謠言並使之傳開的條件

謠言是如何產生的？又爲何會傳開？

第一、每人都覺得有趣，亦會去關心的話題、緋聞。

戀愛、結婚、異性關係、升遷、調動。這樣大家都有興趣，都會去注意的事易成爲謠言的焦點。

謠言是一個人受歡迎與否的量尺。歌星的私生活易成謠言，因爲有衆多的歌迷在關心。在公司、學校中，謠言中心的人通常即是較受歡迎的人。

同樣的，持有許多股票或善於理財的人，會對與經濟有關的消息較爲敏感。因此，根據對那種消息感到有興致，可判定此人的興趣。

第二、話題本身內容含糊不清，即易成謠言並傳開。

「歌星麥可·傑克森對孩童性騷擾一案」內容十分含糊，疑點甚多。加上其內容十分的「不透明」，因此極易成爲緋聞。雖然曾召開記者會欲解釋案情，但含糊曖昧的口氣卻又產生更多的謠言。

「無風不起浪」，的確，因爲有火種，又有人在一旁煽風，因此，應在燒成大火前毅然決然的將火煙滅，才是明智之舉。

第❷章

臉上帶著笑容，內心卻在哭泣

① 留意對方的笑臉

●小心笑口常開的人

一開門，同時看見板著臉孔沈默不語的部下的臉，及上司微笑的臉。看到這個景象的人，對這位上司的印象如何？

用以上的場景所作的研究。由第三者看到，面對臉色不善卻微笑的人，評話是「具支配慾、有惡意，以快樂的心情嘲笑他人。」

同樣的，那位板著臉（不悅，心中有隱憂的樣子）的人，第三者給予的評語是「愛好和平的、友好的、幸福的。」

介紹另外的例子

板著臉看著微笑臉的人，第三者也可能給「發怒的、嫉妒的心重、不幸的、失望的」等等評語。

板著臉看著皺著眉的人，第三者給的評語是「冷淡、傲慢、無所懼、冷靜。」

人的表情，因對方表情不同，而有正面、負面不同的解釋。例如微笑的表情，面對對

笑臉大拍賣的禁忌

微笑有時也有負面的解釋。

方的表情不同，可能會有負面的評價。

俗話常說「笑臉常開」，其實，更要注意廉價笑臉的禁忌。

●笑臉易引人注目

笑臉通常給人良好的印象，但是對西方人而言，東方人的笑臉是具有不好的意味。先前所介紹的研究報告中，因笑臉的狀況不同，因此有好也有壞的解釋。因此要微笑時，要考慮到對方的表情，以免被周圍的人所誤解。

至於笑臉的含意，據英國兒童精神分析學者J·M·波爾比，用「依戀」的觀點，認爲「人是爲了引人注目才微笑的」。

在感情上想和他結合的要求即「依戀」的表示，對嬰兒而言，依戀是愛情的最大起源，以下加以說明。

因對他人的依戀，在實際行爲上會發生以下數種不同的情形。

①接近或碰觸別人的身體。

②常對別人笑或與他人搭訕。

③要求對方的「承認」（認定）。

這表現在幼兒身上，最常見的，即是向父母撒嬌。

政治家與演藝人員出現在電視上時都是笑臉迎人；報紙或雜誌的封面大多用微笑的照片，這是因爲笑臉是表現「依戀」最容易的方法。

●微笑三要件

罪犯的笑臉是「目中無人」的表現。這樣的解釋不僅根據面對者臉的表情，也會因爲他人態度不同而有不同的解釋，這點必須注意。

被覺得「討厭」的人，無論用多誠懇的笑臉，也不會有好的評價。

如何才能使你的笑容給對方好印象？

第一、互相信賴，笑臉就會被接受。

第二、仔細觀察對方表情，確定微笑不會被誤解時再微笑。

第三、欲微笑時，同時要接近對方、與之搭訕或要求認可（依戀行爲），才不會被誤解。

② 沒有表情的都市人

●表情是信號器

聽到「謝謝」的聲音，無意中瞥見聲音的主人的臉部，卻是與所說的話完全不配的面無表情，你是不是也有類似的經驗呢？

表情即傳達他人是否可以接近的信號器。電車上、街道中，到處充滿了無表情的人。到底無表情是意味著什麼意思？

身邊若是自己喜歡的人，就會眉開眼笑，注視著對方，這就是綠燈的表情。

身旁有討厭的人，不想說話時，便會低頭裝作沈思的樣子，或是面無表情，將視線錯開。這便是紅燈的表情。

●裝作一切都毫不在意

在擁擠的電車或街道上、我們被迫聽進噪音、他人談話的聲音；看路旁的廣告、路標；聞化妝品、沙塵的味道等過度的刺激。

我們無法在短時間處理這些過度的刺激，所以必須減少過多的「輸入」。據美國社會心理學者S·密爾克朗表示，一般會採取如下的手段。

①對於各種輸入，會儘量將時間縮短。例如，除非必要，我們會儘量避免說話。

②無關緊要的「輸入」，會加以排除，並避免個體的接觸。例如，不干自己的事決不插手，不表達自己的感想及意見，並儘量避免成爲別人欲談話的對象。

③把責任推到別人身上。例如「這部門不由我負責」。

要表達這些訊息，用面無表情是最適合不過了，當表情是「紅燈」時，雙方都會覺得找不到接觸的機會。

●親密的陌生人

一個上班族，在每月雜誌發行的當日，到固定的書店買雜誌。他和店裡一位女店員已經彼此「很熟悉」，卻總是互相保持臉上毫無表情。

明明對彼此的臉孔都已非常熟悉，卻互相沒有表情也不說話。這種情形，叫做親密的陌生人。雖然已處在很熟悉的狀態，但由於人際關係的限制，可保持隱私性。

例如，店員和客人若不是「親密的陌生人」，客人便不敢上門買色情書刊。同樣的，在客滿的電車或電梯中，大家都已是常見的熟面孔，已是「熟悉的陌生人」，所以會去推擠別人。

由於是親密的陌生人，所以可以「認識也裝作不認識」、「看到也裝作沒看到」。人際關係於焉形成。

人必須用這樣的態度，才能勉強順應這雜亂的環境。由此而言，雖然不是十分理想，但是面無表情對人際關係多少是有用的。

③ 眼為心之鏡

●看著眼睛說話

「眼睛比嘴巴更會說話。」眼睛和嘴巴一樣可以成爲表達的工具，甚至有過之而無不及。

有時候，言語可以巧妙地騙人，但卻從眼睛裡透出真實的訊息。所謂「眼爲心之鏡」，從一個人的眼睛可看出此人的正邪及辨別其言語的真僞。

英國心理學者M·雅吉爾分析，無論什麼樣的人際關係，都必須遵守以下四種規則。

第一、尊重對方的隱私。

第二、看著對方的眼睛說話。

第三、談論秘密後，內容不可轉述給他人。

第四、不隨便批評別人。

這些看來是「理所當然」的規則，其實是很難做到的。再者如第二項「看著對方的眼睛說話」，是十分重要的一項。

●看著對方的眼睛說話

在一個許多人的宴會場合，若你想和某人談話，首先會與他視線相投，自我介紹後，再開始談話。相反的，若不想與之談話，即在視線相會之前，背向對方。這是想避免談話的視線應用法。

視線可調整對話的過程，如果談話很有趣，想繼續談話的話，會不知不覺一直注視著對方的眼睛。如果想中斷談話，或是對方停止說話時，會錯開對方的視線，表示對談話的內容已失去興趣。因此，用視線可傳達自己的心情。

一面看著對方的眼神，一面判斷「是否繼續談話」，你會成爲談話的高手。

●眼神可傳達你的好感

不論男性或女性，對自己喜歡的人總想多與之視線相合。但是，男性和女性在使用視線上有微妙的不同。在男性而言，在聽對方說話時比自己說話時更會注視著對方的眼睛。而在女性方面，剛好相反，女性在自己說話時，比聽對方說話更注視著對方的眼睛。

感情不錯的男女，女性在對男性說話時，二人的目光會儘量相會。而在熱戀中的情侶，幾乎無時無刻眼神都是膠著在一起的。

情侶之間談話

男性正在聽女性說話，故視線相合。

●瞳孔的大小可表達信賴感

美國的心理學者E·H·赫斯發現，在明亮的房間裡專心看書的妻子瞳孔放得很大。他感到很驚訝，因爲在明亮的房間中，瞳孔應是會縮小才對。

所以他認爲，當人對某事物產生强烈興趣時，瞳孔會放大。

實際經過幾項實驗以後，我們可以清楚地了解，當女性看見「抱著嬰兒的年輕母親照片」後，瞳孔會放大二五%。

同樣地，不論女性看見「男性裸體照片」或男性看見「女性裸體照片」，其瞳孔皆會放大二○%。

由此可知，和心儀的人交談或見到感興趣的商品、照片、圖書時，人的孔瞳將會放大。假如，某位男性開口對女性說「我喜歡你」以示愛，而其孔瞳卻未擴大，則代表此男性對這位女性別有居心。

因此，嚴格說來，「眼睛是心靈之窗」，應改爲「瞳孔是心靈之窗」。

●以目光揣摩人品

經常將目光投注他人者有下列幾種類型：

第一，親和欲强烈者。親和欲强烈者喜好和人群共處。當他目光注視某人時，即表示希望獲得對方的關心。

第二，支配欲高者，特別是在競爭、辯論的場合中，目光是恐嚇對方，迫使對方服從的最佳利器。但持續注視十秒以上，會給人不愉悦感。

第三，具他人意向性格者。配合周圍的環境而改變自己的思考、行動者，對於他人的一言一行會嚴加注意。光是這個原因，就足以做爲他頻頻注視他人的理由。

第四，性格外向者比内向者更會經常目光投注他人。性格外向者在社交或行動上均較活躍。其經常目光投注他人的目的在於追求與他人的接觸。

●目光會使人際關係圓滑

相信各位都明白人際關係的共通規則「雙眼注視對方交談」之重要性吧！

心理測驗中，有替人挑選工作伙伴的性質之測驗。此測驗告訴我們，當説話者的瞳孔放大時，表示説話者「喜歡聽者，關心聽者」，且説話者是個「值得信賴、活潑、健談」的人。只要靈活運用自己的目光。就可使生硬的人際關係趨於圓滑。

目光真可謂與人打交道的最佳特效藥。

④眨眼的涵義

●訴之以情

一九九二年美國總統大選，民主黨的柯林頓打敗了共和黨的布希。柯林頓的競選策略，是強調其生平與家族關係，用的是訴之以情的選舉戰略。布希則是强調其政治家的身分，用實際的成績來打動選民，採的是訴之以理的選舉戰術。

莎士比亞在『朱里亞斯·凱撒』中也曾描述，殺死凱撒的布魯特斯、安東尼向群情憤怒的民衆演說時，採用「聲淚俱下」的訴之以情的演說方式搏取民衆的認同。

美總統選舉和凱撒的追悼演説，所用的策略性質完全相反，但得到的結果卻相同。據心理學的研究，並無法確定那一種方法較好。

●眨眼是心在動搖的信號

在一九八八年的美國總統大選，共和黨的布希戰勝了民主黨的杜凱吉斯。

美國的心理學家J·杜約茲將在全美國所放映的電視辯論錄下來，計算二位候選人在辯論會中眨眼的次數。

計算的結果，布希平均每分鐘眨眼六十七次，而杜凱吉斯則爲七十五次。一般人在正常的情況下，每分鐘眨眼的次數是十五～二十次，因此，二位候選人每分鐘眨眼的次數約是常人的三～五倍。

眨眼的次數與緊張度有關，由這二位候選人眨眼的次數來看，雖是身經百戰的政治家，在電視辯論會中亦會極度的緊張。

特別是杜凱吉斯，他眨眼的次數較多，表示他比布希更緊張。而眨眼次數較多的杜凱吉斯，會給人有「神經質、不可靠」的印象。

研究眨眼次數的杜約茲，當時在新聞週刊上發表「布希勝利在望」的消息。也許眨眼的次數真的可以決定勝敗。

因此，在與女孩子第一次約會的男性，特別要刻意避免眨眼，因爲大部分的女性較喜歡開朗、可信賴的男子。

●眨眼是誠實的量尺

根據前面的研究發現，布希在面對人工流產的問題時，每分鐘眨眼八十九次；另一方面，杜凱吉斯在面對增稅問題時，每分鐘眨眼九十二次。

由此可知，眨眼表示腦子正在處理輸入的問題，處理完畢眨眼也就停止了。

也就是說，當面對問題需要慎重考慮時，眨眼的次數會增多，當得出答案後，就會減少眨眼的次數。

在回答問題時眨眼次數異常多的二位候選人，被認爲是能認真地思考問題的人。因此在電視辯論會中大家都有「二位候選人都是誠實的人」之印象。

根據觀察二人眨眼的次數可發現，布希在對人工流產的問題，杜凱吉斯對於增稅問題異常的敏感。

例如，一男子被女友突然問道：「你要和我結婚嗎？」這時，他的眼睛突然眨動起來，這就表示，「他正慎重的在思考這個問題。」

相反的，若他即刻十分冷靜回答「當然」，那麼其實心裡真正想的是「我才不要」。

●以眨眼次數判斷是否會出人頭地

走路速度快，說話很快，椅子只坐前端，輕輕的笑，手腳微微地動，眨眼次數多。

以上這些行爲，被美國醫學者M・佛利特曼和R・H・羅森曼定義成「A型人」的特徵。A型人一副總是被時間追趕著的樣子，精力旺盛，具有攻擊性，總是帶有敵意。A型人以外的都叫B型人。據說，擔任管理職位的，A型人與B型人的比例是二比一。

A型人與別人交談時，平均一分鐘眨眼四十次，約是平常人的二倍。

A型人除了有行動匆忙的特徵外，還會本能地隱藏自己的弱點不被別人發現，因此常會眨眼，用眼神隱藏自己。

與別人說話時常眨眼的人，較有可能出人頭地，但若是眨眼次數過於頻繁，就不屬此類，而是較容易緊張，且意志不堅。

約會時，眨眼次數較多的男性應是好的對象，但也可能只是一個過於小心的男子而已。你的男朋友是屬於那一種？

⑤只有演技而沒有誠意

●身體上的魅力

身體上較具有魅力的人，無論男女，都會給他人有較好的印象。

例如，研究報告顯示，身體魅力較高的人，有如下的評語。

①好奇心强。
②舉止高雅。
③眼光好。
④有自信。
⑤意志力强。
⑥幸福。
⑦活潑。
⑧態度和藹。
⑨率直。

⑩沒有心機。

⑪想法新穎，不頑固。

等等，皆是正面的評價。

另外的研究則顯示魅力高的人有以下的評語。

①個性好，在社會上受歡迎。

②事業成功。

③婚姻美滿。

等等好的評價。

拿一本女性所寫的散文，給男性去評價，若在書上附一張有魅力的女性的照片，則男性給的評價較高。

過去，所謂三高（高學歷、高收入、高身高）是單身女性理想對象的條件。根據前面的研究，有英俊外表的男性，讓女性感覺「個性好、出身佳、收入高」而對之傾慕不已。

實際上，許多只不過是外表英俊，事實上卻不甚有出息的男性，只因外表的條件符合了三高中的一項，而使其價值比實際上高出許多。

●品牌效應

「人要衣裝，佛要金裝」，這也許是一種偏見，但不可諱言的，許多人是用服裝來判定一個人的。

曾做這樣一個心理實驗：在公共電視的退幣口放錢幣，當有下一個人來打電話時，就上前問道：「請問退幣口裡有沒有錢？」

若是一位西裝畢挺又結著領帶的男士上前要求：「請把退幣口裡的錢還給我。」則獲得退還的比例較高，若是由一位穿著高級的女性去要求，結果亦同。

另一個心理實驗。當行人穿越道燈亮紅燈時，由一位穿著整齊西裝的男子無視紅燈而逕自穿過，那麼，會有不少人跟在其後一起闖紅燈。

由公共電話及十字路口燈號的實驗可知，穿著價值昂貴，品味不凡的男性，具有能讓女性心動的力量。

也許一個穿著好，外表又英俊的男性，在路上與女孩子搭訕「去喝杯咖啡好不好？」的時候，多半的女性都會答應吧。

●魅力重點

一個人的魅力，並不純粹只是由姣好的外表及端正的五官所構成的。

①乾淨整齊的頭髮。

②整齊的牙齒。

③沒有口臭。

④注意禮貌。

⑤儀態優雅。

⑥外表整齊清潔。

⑦說話時眼睛注視著對方。

無論男女，這些都是增加魅力的重點。而在外表上，雖然沒有出衆的外貌，也可訓練自己儀態高雅及清潔整齊來提高自己的魅力。

將以上的重點歸納得知，英俊、穿著名牌的服飾、整潔清爽的男性，態度高雅地向一位女性求愛時，多半的女性是很難拒絕的。

但是，若只靠外表而無內涵的話，是很容易露出馬腳的，或許這是一句老生常談，但是，男性還是靠自己的內在來取勝才好。

⑥注意「一下就好」的企圖

●從一下的關係變成深入交往

「去喝一下咖啡。」

「幫忙一下吧！」

男性多半用這樣的話來引誘女性。事實上，吃飯、喝酒、幫忙等都只是藉口而已，男性的最終，也是真正的目的是開房間、上床等。

被引誘的女性其實都知道，絕對不是「一下就好」如此而已。但被「一下就好」這句話引誘的女性，都用「僅止於此」，無所謂的心態去接受邀請。無論男性或女性，「一下就好」是很方便的用語。

「一下就好」，在日文中有「一寸」的意思。一寸約三·〇三公分。因此日本人在說「幫忙一下吧」時，手指會用拇指及食指比出約三公分的距離，表示只要幫忙很短的時間即可。

「一下」只不過是一寸的距離，輕鬆地動作即可完成。實際上，要知道，一寸是會愈來愈長的。

●說服對方從簡單的要求開始

「我想拜訪您府上，作一項傢俱類的調查，過程是由幾位調查員，將您家中所有傢俱全部移出戶外，歷程約需二小時。」

若突然有這樣的要求，相信大多數的人都會斷然拒絕的。作這樣無理的要求，若能做好事前的說明工作，其實被接受的機率仍是相當高的。

在美國，曾進行一項心理實驗，是就前面的要求，做好完備的事前說明工作。

第一、「在正式調查的三天前，用電話作傢俱調查，若對方表示，在電話中調查是無所謂的。」那麼，再作第二次的訪談要求。

第二、在正式調查的二天前，用電話要求協助傢俱調查。

做到這二項工作的其中一項，再做原來的要求。當採用第一種事前工作時，被接受的機率約爲五十三%。

而採用第二種事前工作，被接受的機率約爲二十八%，若事前完全沒採用任何措施，被接受的機率則降爲二十二%左右。

「對方不會輕易答應這個要求。」因此，剛開始先要讓對方從簡單的要求接納你，等到對方接納你之後，再向對方作原來的要求，而達到目的。

這種作法叫做Foot In The Door Technic。階段式說服或階段式要求。

一旦對方接受了你第一次簡單的要求後，第二次的要求就不易被拒絕。對方會覺得「既然以前接受了，這一次也不好意思拒絕。」

同時，在用這種方法的時候，第一次要求的內容要與原本欲要求的內容有關，並且在第一次要求時的內容，最好是每個人都能接受的程度才好。

「一下就好。」這句話，事實上是很恐怖的。

「去喝一杯酒吧。」因爲以爲「只喝一杯」就同意了。之後當別人說「到另外一家再喝」時，若是拒絕了，就會惹對方生氣。

「到我家去玩一下」。被邀請去喝咖啡、聽音樂後，若女方拒絕了這項要求，是會激怒對方的。

若想杜絕這種麻煩，要對「一下就好」這種要求有說N。的勇氣。只要看清對方是用「Foot In The Door Technic」的方式，不讓對方有機可乘，才是保護自己也是爲對方著想的方法。

⑦有吸引力的說話方式

●有自信的說話方式

第三十二任美國總統羅斯福，採用新經濟政策（New Deal），使美國經濟復甦，並擔任第二次世界大戰聯軍最高統帥，因而聞名世界。

據說，羅斯福是美國唯一四次連任總統的人，而他能連任四次的原因，是由於他的演講令人印象十分深刻。據說，羅斯福曾爲了一分鐘的演講，花一小時的時間去寫演講稿。

在演講時因爲緊張、對內容自己並不十分理解，或是難以啓口的話題時，心情的動搖容易表現在外。

這時，就會出現反覆說同一句話，或是遺漏了話的一部份，或說到一半突然停下來，或說錯話等等情形。

相反的，一個有自信的人，說話時聲音大、間隔短、速度快。而說話自信的人，給人的印象是熱心的、有活力的、活潑的、有能力的、有領導力等。

而用了許多時間準備講稿的羅斯福，在演講時當然是充滿自信的。這樣自信滿滿的演說，當然使羅斯福的聲望更加提高了。

●考慮說話的速度

最近，ＮＨＫ播音培訓負責人表示，新聞的播報速度是愈來愈快。在一九六〇年代，新聞的播報速度是每分鐘三百字左右，而現在的速度則是每分鐘三百五十字，比以前要快多了。

曾經在電視上盛行一時的相聲節目，其特點就是說話的速度比新聞播報要快一倍以上而席捲電視界，例如黑柳徹子、久米宏、Beat Takes、明石家三馬等等，可見快口之人已愈來愈受寵。

包括電視、舞台的演員說話也愈來愈快，這似乎是時代的潮流，面對這種趨勢，要表現有說服力的說話方式應是如何？

根據在日本進行的研究，說話速度慢的人（每分鐘約三三〇字），被認爲是值得信賴，又穩重、較有說服力的。相反的，說話速度快的人（每分鐘約五〇〇字），被認爲是激烈的個性，動作快的，好動的、積極的，又堅强的人，但較無說服力。

ＮＨＫ電視節目「New Today」的主播平野次郎先生，平時說話速度原本很快，但爲了要擔任「New Today」的工作，刻意放慢了說話的速度，這是爲了提高新聞的說服力，因此才做此改變。

根據說話速度的實驗，及新聞播報的速度，發現每分鐘的說話速度約三五〇字左右最適當。

●增加說服力

整理以上的說明，可得增加說服力的資料如下：

①說服力是產生自說話者的自信，平常，要補充正確的常識並發現自己的缺點所在而加以改善。

②說話聲音大、清晰、又順暢者，被認爲是熱心、有自信、能幹的人。只要使別人信任你，就可以說服他。

③寫一分四百字的原稿，在一分鐘的時間唸完，這樣的訓練，可掌握說話的速度。用這樣的速度說話，再加些比喻，可增加說服力。

配合自己的個性去研究，更能了解有說服力的說話方式是如何。

⑧容易受騙的陷阱

●親切的陷阱

突然有一位女性親切的問你：「要喝咖啡嗎？這杯給你。」一聽到自己要喝咖啡，就立刻給你一杯。你不要因此認爲「原來我很受歡迎！」

曾有個心理實驗。二人一組，爲繪畫作品評分，在中間休息時，其中一人買了二杯可樂，給另外一人一杯，並說「順便買給你的」。表示一個小小的親切。

當評鑑終了時，那表示親切的男子就拜託對方「幫我買會抽中車子的彩券」。其實，那位親切的男性是爲了進行實驗而事先串通好了的。

結果，得到可樂的人比没有受到特殊待遇的人，多買了二倍的彩券給親切的人。

大部分的人都會認爲「對於親切的人，我要加以回報，否則會被認爲是不懂知恩回報的人。」因此就會加以報答對方，所以，用彩券來報答可樂。

像這樣進退兩難的情形，不論對象是自己喜歡或討厭的人，都一樣會產生。

對自己討厭的上司、部下，或同事，都給予親切的恩情，在遇到重要的關鍵時，將可得到回報。

但若是反常給予特別親切的男性或女性，都要特別小心。

●讓步的陷阱

加州大學有這麼一個實驗。

實驗者爲二人一組，分給一筆錢，交待二人自行去分這筆錢。

若是在規定的時間内没有達成協議，則没收這筆款項。在之前已與其中一人串通好實驗内容。

結果，原本已知實驗的人，從非常高的金額開始要求，在交涉中逐漸降到適當的金額，使雙方都達到最滿意的額數。

不論在初交涉時所採之金額是十分高或是合理的，若維持原價錢不作任何讓步，那麼對方是不會滿意的。

若在過程中將原要求下降，則對方會認爲是「因爲自己的努力才使對方讓步」。因此，對於最後結果認爲自己有責任。

交涉的結果，若對方分配到較高的金額，仍然會認爲「對方已讓步了」。而有滿足感。

「帶我到歐洲旅遊，或者到夏威夷也可以。」若你的女朋友讓步得如此乾脆時，就要有心理準備，說不定她買了很貴的東西要你付錢。

因此，當對方在一開始給予意外的親切時，必須小心陷入進退兩難的關係，不要輕易與對方交涉。

●自己言行的陷阱

若趁著喝醉酒時，和她去了飯店，之後，二人的關係一定會變深。

自己的言行會成爲一種資訊源，要充分地了解自己真正的想法、態度、價值觀等，例如「既然去了飯店，反正本來就很喜歡她。」

同樣的，要避免自己所說的話與寫出來的報告不一致，換言之，那就好像用自己的手勒住了自己的脖子。因矛盾而產生言行不一的情形，逼自己陷入進退兩難的景況而不知如何是好。

根據心理實驗，若將自己的意見、想法寫在紙上，拿給別人看（Public Commitment公開承諾），則會一直固執這個想法。

例如，將自己欲達成的目標，在同事面前大聲地說出，會有很大的效果。或者是寫在紙上，貼在大家都看得到的地方，效果會更好。

若他表示「我喜歡你」。要求通信，則這話的可信度會提高，使二人的關係加深。

寫字有如魔術般擁有強大的力量。

⑨ 辯駁的預防線

●保護自己的辯解

相撲界的大關貴乃花，被傳播媒體詢問「腰還會痛嗎？」，都回答「已經好了。」實際上，當時他的腰傷仍很嚴重。

常大人說「最近我的情況很差……」，或是「最近很不順利。」其實是要掩飾自己的工作能力比同事差而製造的藉口。

調查普林斯頓大學游泳選的運動量時，有了意外的發現。

將所有選手分成常說自己有障礙的與不說自己有障礙的二種，記錄這二種學生每天的運動量。

所謂自我設限，指對自己的行動提出不利條件。有如下的說明。

若知道自己失敗的原因是因爲技不如人（內在因素），將很傷自己的自尊心，因此有些人就預先想好了「身體調節不適」，或者「經驗不足」等外在因素的不利條件，一旦自己失敗時作爲藉口。

續前面的研究，在不重要的比賽前，每一個學生的運動量都沒有改變。到了重要的比賽之前，沒有自我設限的學生會增加自己的運動量，另一方面，自我設限的學生則沒有改變自己的運動量。

同時，自我評價（自己評量自己的能力、技術，或是估量别人對自己的評量）較低的人，就有自我設限的情況產生。

這就是沒有自信的學生，對自己設置了「沒有充分練習的障礙」。在成績不好時，提出來作爲藉口。

「這個月的業績可能不會增加」、「做事很不順利」、「沒有辦法贏過對手」。這些人的藉口都是「最近身體不舒服」或「太忙了，忙得不可開交」，用這藉口來自我設限。用對自己不利的條件來掩飾自己的無能，或達不到目標的事實。

●任性的辯駁

「依索寓言」中有一則故事。

一隻狐狸在森林中散步，發現看起來似乎很好吃的葡萄，狐狸拼命跳，想吃到葡萄，但卻一直沒有成功，結果狐狸怎麼辦？

狐狸很不高興的說：「葡萄看起來很好吃，其實是酸的。」於是便放棄了。

這就是所謂「酸葡萄的心態」，將自己的行爲合理化。合理化是一種防衛機制（解除痛苦，自我適應的一種方法），爲了避免因爲自己做不到，而提出好像有理的話來自圓其說。

「認爲被交待的事，自己無法完成。」有這種想法的人會用「不論多麼認真完成這件事，都是毫無價值的。」來加以合理化。

合理化中另有「甜檸檬理論」，即例如無法達到預期的成果時會認爲「我能做到這樣，很了不起了」，而高估自己的能力。

常把「好辛苦」這話掛在嘴邊的人，是不想認定「事實上自己並沒有很努力」。因而用「好辛苦」來合理自己的工作成果。

第❸章

戀愛也有藥嗎

① 她為什麼會受歡迎

●真心容易表現在外

「請多多指教」、「謝謝」說這話時，通常都會伴隨著鞠躬的動作，這是十分自然的，就連在電話中，也會不知不覺而有這樣的行爲。

通常，想在語氣上表達感情的時候，自然的，就會用動作來配合說話，這就叫做Self Synchronization（自我同步行動）。

「自我同步行動」如游泳選手配合音樂的節奏舞動，即水上芭蕾Synchronized Swimming。

有一家百貨公司，在新進員工研習會上作以下的訓練。當說「歡迎光臨」時，上身彎曲三〇度；說「稍待」時上身彎曲十五度；而說「謝謝光臨」時彎曲四十五度。

本來是沒有這樣的訓練的，但是爲了要真正有這樣的情緒，所以做這樣的動作。因此這是練習外表的舉止動作，表現出熱忱，而提高營業額的一種苦肉計。

但是，只是嘴上說得好聽，表情與動作卻因無心情而無法配合，這就是造成職業微笑和職業性言語的原因。

「哇！好可愛。」，「真謝謝你！」說這話的女性可是自我行爲同步的高手，可成爲令許多男性傾倒的交際花。

●用舉止表情傳達誠意

「我不會說話，所以事情也做不好。」這是太重視語言溝通的結果。其實，誠意及熱情若只用語言是不容易傳達的。

並不是會說話的人就具有令人喜歡的魅力，真正受歡迎的人，是透過動作、表情（非語言的溝通），向別人表達關懷之意。

不受歡迎的人，可在鏡子前面練習，不說話，只用舉止、表情表示「謝謝」及「高興」。

若能做好這個練習，再隨著動作說話，或許可以成爲受歡迎的人。

●和對方同步調說話

最近，曾看到以下的情景。一個女性在說話，其中一位女性比手畫腳，另一個女性只是喝咖啡、吃蛋糕，沒什麼其他的動作。

親密的戀人在説話時，會微笑、頷首，視線會相投等一致的動作。

這種即是Interactional Synchronized（相互同步行動）。如數人表演水上芭蕾，每個人的手腳動作都一樣。

「你的話太多了。」「我不想和你説話。」若有如此冷漠的心情，那是因爲看到對方沒有相互同步行動而有的反應。

不論你心多麼熱忱，沒有適當表達，對方也不會喜歡你。只有像社交舞一般能巧妙運用説話的人才會受歡迎，因此，她受歡迎的原因是和任何人都可進行會話的社交舞。

●因模仿而受歡迎

二個剛認識的人在一起閒談，其中一人（爲實驗而串通好的）被交待，「模仿對方的言行舉止」。

由此實驗發現，被模仿的人，容易對模仿自己的人有好感。但是被模仿的人並沒有發現對方在模仿自己。

「會説話未必是一個好聽衆。」光是自己一直説話，不想聽別人説話，會無法知道別人真正的心意，也無法讓別人喜歡。

當雙方意見無法溝通時，試著採與對方同步的行動，模仿對方的言行，不久之後，二人說話會愈來愈投機，對方也會愈來愈喜歡你。

配合對方的言行是表示關心對方的意思，受歡迎的女性，雖然大多數人都不曾發覺，其實可能擁有關心他人的能力。

② 讓對方喜歡你的方法

●常見面

下面有一個有趣的實驗。

拍下一位朋友的照片，其中一張是一般的沖洗，另外一張則洗成左右相反的形式，然後拿給那位朋友看，問他比較喜歡那一張。

結果，朋友喜歡的，是那一張左右相反的照片，而不是正常沖洗的照片。

爲什麼會產生這樣的結果？原則上，人們會喜歡已經看習慣的事物，那是一種叫做單純接觸的假設。

因爲那位朋友，在看見自己的臉時，都是鏡子中的影像（左右相反），看久習慣之後，便會較喜歡那張左右相反的照片。

依照單純接觸的假設，發現人不只對自己的臉有這種習慣，連標誌、文字，也會因爲習慣而覺得喜歡。

看別人的照片，依看的次數，一次、二次、五次、十次、二十五次……看愈多次，對那人的好感就愈深。

當選舉期到了，候選人總是四處拜訪，不只是和大家見面而已，也和大家握手，雖然手已紅腫，也要冰敷後，繼續和人握手。

若要表示自己是個性溫和的人，或是想讓別人喜歡自己，這方法是很好的戰術。但是若最初給人的印象就很不好，這個假設就不能成立。孔明的「三顧茅廬」，是先給人留下良好的第一印象後，再頻繁地與別人接觸，使別人因接觸而喜歡他。

若是每天早晨醒來，都十分不願見到鏡中的自己，那麼可能天生長相就不討好。根據單純接觸的理論，給人良好第一印象的人，通常都是受歡迎的人。

「糟糕，又被邀請約會了。」（出本林達的暢銷歌曲），即是表達受歡迎的人的心情。

●找出共通點

「世界上最優秀的汽車推銷員」，是底特律的吉拉特（男性）。

他在十年間，每年都是推銷總冠軍，平均，每天可推銷五部車子以上。

他成功的秘訣，是以公正的價格，同時讓客户覺得「我可以相信這個人，向他買車，不會吃虧。」這看起來好像很簡單，事實上很難。

例如，一位汽車推銷員要去調查一輛要汰舊的舊車時，順便會注意車主的興趣、嗜好以及家庭結構。

倘若看到後車廂中有高爾夫球具，就會向車主說「我也喜歡打高爾夫……」等的話。若是有小孩子的座椅，就會說「我的孩子也喜歡坐車子」接著開始談孩子們的情形等等。

這是一種掌握客户的特徵，進而找出自己與客户共同點的推銷法。

一般而言，人都會對與自己有共通點的人有好感（類似性要因）。果然是「物以類聚」。

「好巧，你和我同一條路回家。」「我們是同鄉。」「想不到咱們是校友。」常會聽到如此類似强調彼此共同性的話。

「一起去喝杯茶吧！」找出和他（她）約會的機會。

③女與男——誰占便宜

●女人味和男子氣慨

男性對女性所要求的「女人味」，到底是什麼？

根據在日本的調查，得到以下的資料。

①個性柔順。
②態度可親。
③依賴男性。
④美麗又可愛。
⑤心思細膩。
⑥做事積極。
⑦沒有强烈事業企圖。

這些都是男性自私的要求，但可以了解，男性追求的是溫柔、乖順又機智的女性，且要重視家庭生活更甚於事業。

至於女性所要求的男子氣概則是以下數項：

①頭腦好。
②學歷高。
③粗線條。
④有領導力。
⑤個子高。
⑥做事專心。
⑦意志堅强。
⑧活動力强。
⑨深思遠慮。
⑩有自信心。

看這些條件，發現女性其實和男性一樣，十分追求理想性，綜觀女性的理想，爲頭腦清晰、相貌良好，有領導力，見多識廣。

在這個世界上，有多少人是符合了以上男性及女性的理想條件，恐怕是寥寥無幾。

但是在現實生活中，人們總是依照那些特性在塑造「女人味」及「男子氣概」。例如，孩子們被區分爲，「因爲是女孩子」「因爲是男孩子」，而被獎勵某些行爲，或被限制某些行爲。

由於如此，不知不覺中女孩及男孩會各自去塑造自己的女人味或男子氣概。但在社會中，仍存在著不具備女人味及男子氣概的人，這是不足爲奇的。並且由於社會的變遷，關於女人味及男子氣概的定義及標準，仍會繼續改變而非一成不變。

●應該生爲女人或男人

也許有女人會說：「我不該生爲女人的。」相反的，也有希望成爲女人的男人會說：「我要是女人該有多好。」

前一陣子，以日本的中學生及大學生爲對象，做一份問卷調查「當女人好還是當男人好」。

部分女學生，不論年紀大小，都認爲「當女人好」，並慶幸自己身爲女人，其比例約爲六〇％；而認爲「當男人好」的比例約爲二〇％。

而在男學生方面，不分年齡，約有九〇％都慶幸自己爲男性，認爲當女人較好的比例，依年齡而有不同，約在二％至五％之間。

至於同一個時期，在美國所做同樣的調查。男性方面結果約與日本男性相同，而美國女性認爲生爲女性較好的有八四％，認爲當男人較好的則有十六％。

日本女性認爲，「身爲一個女人，要擔任女性的角色（做家事，依賴男性生存）。」而感到不滿，這是與男性差別最大的地方。

而女性認爲當男人較好的理由是，男性在社會上占了較優勢的地位，社會對男人的限制較少，男子們同性間的關係較好，並且男性沒有生理及肉體上的不利條件。

滿意自己的性別的男性有九〇％，而女性只有六〇％，這種差異要趕快改善才好。

●以男性的觀點將女性分為六種類型

男性是用什麼眼光來看女同事？

這是在某個公司所做的調查，男性將女性分成六種類型。

第一、母親型。喜歡照顧別人，會傾聽別人的心事，爲男性可依賴的女性。

第二、公主型的女性。與特定的男性較要好，對其他男人懷有戒心。有時，在工作上出了差錯，會要求男性加以援助，可說是偶像型的女性。

第三、女服務生型。一般這一類的女性，是屬於玩伴型的，她會向周圍的男性拋媚眼，將公司當成聯誼俱樂部一般。

第四、永恒的處女。這種女性對男性十分冷淡，態度傲慢，與男性保持一定的距離，對沒有能力的男性認爲是「眼中釘」。

第五、寵物型。這種女性，會對男性奉承、撒嬌，男性會疼愛她，但並不認爲有很高的存在價值。

第六、便利商店型。這種女性，富有機智、辦事能力又强。被男性認爲「是個很好的秘書但不具有領導能力」。

這種的分類，可看出男性對女性的偏見，再仔細觀察這六類，會發現其與男性所要求的「女人味」的特徵，有相當的一致性。

例如第一類即屬於「感情細膩」；第二類即「依賴男性生存」；第三類即呼應「沒有事業心」；第四類即「態度積極」；第五類即「美麗又可愛」；第六類即「個性和順」。

總而言之，這些分類，即是男性所希望追求女性特質的標準。

④ 男人與女人無法達成共識的原因

●男人含糊、曖昧，模稜兩可的回答

「女人太嚕嘛了」、「女人都很愛講話」、「女人總是去記住不重要的事」。許多男人都會這麼說，這到底是什麼原因呢？

妻子向丈夫交待好幾次：「你要去……」「你不要忘了……」因為妻子認為只要一直反覆叮嚀，先生就會知道事情的重要性而馬上去做。

不只是夫妻，同事間、上司與下屬，也經常出現類似的情形。

但事實上，丈夫（男性）並不會馬上去做被交待的事情。因為他們認為，被妻子（女性）命令而强迫自己去做事是很不愉快的。因此對妻子的反覆叮嚀，只是敷衍的應付了事，想拖延時間到自己想做，才依自己的意思去做。

因為男性心中有另外的打算，因此一直反覆地敷衍女性，而女性也會因此反覆地交待、叮嚀。這個理論是由美國一位社會語言學者D‧達寧女士的研究分析結果。由於這是達寧「女士」的論點，於是有許多男性提出不同的意見。

其實，男性並不是故意不講理，而是男性因爲沒有自信，在潛意識中因與女性競爭而產生的「虛張聲勢」的態度而已。

●吵架的原因

一對男女，開車去兜風，在車上發生口角。

女性對開車的男性說：「這條路好像不對。」

他冷冷的回答：「不會錯。」

她一直反覆說：「可是我覺得你好像走錯了。」

他突然緊急煞車，把車停下來，很不高興的說：「少嚕嗦，不然你下車好了。」

據達寧女士的理論，對女性而言，談話是「共同解決問題的方法」，但男性卻認爲，談話是一種「鬥爭的型態。」。

聽到「你好像走錯路了」的男性，會將這句話解釋爲「被女性批評搞不清楚方面」。其實女性是認爲「我只不過是想幫助他，而他卻不了解。」而憤慨不已。

若女性說：「這數字似乎不大正確……。」「豈有此理」，男子通常會如此反應，這是在辦公室中常會見到的情形。

其實這未必是男性總希望壓倒女性，而是男女間因無意中造成的誤解。

●女人總有說不完的電話

對女性長時間講電話及饒舌感到厭煩的男性不少，這是因爲女性與男性對會話的看法不同所致。

男性所認爲「電話是傳達重要訊息的工具」，所以用完就會掛上。而女性卻認爲，電話是「互相傳達感情交流的工具」。因此會有聽起來好像快結束，卻一直說個不停的電話。

其實，批評女性有說不完電話的男性，可能因爲自己也想那麼做，卻不能而壓抑著（兩面價值感情），因而對女性產生嫉妒所致。

●男人愛說歪理

「結婚時，你曾說過這樣。」女性總是記得男性早已忘了的小事，這情形常令男性困擾不已。

男性說：「我說過這樣的話嗎？」

女性怒道：「你不要裝蒜。」

男性：「我怎麼都想不起來。」

男性對數理性的問題較在行，女性對文學方面較擅長，這不僅是日本才有的情形，世界各國皆是如此。

一般而言，男性對數字、邏輯推理的能力較强，而女性多半不喜歡計算、數理方面的問題。男性的計算能力也會高於女性，但是對計算不拿手的女性，對具體數字的敏感度卻很强。

據智力測驗顯示，對文章構成、文法能力等語言方面，女性的成績較好；而在視覺、空間及抽象等概念上，男性則較優於女性。

女性會對數理性的問題敬而遠之，是因爲在對待數理的態度與男性有很大的差別。據此男女的差距推論，男性會對抽象的事物有興趣，而女性則較關心屬於具體性的事物。

例如，若同事間傳出有婚外情，男性一般會去探討「他爲什麼會有婚外情」等因果關係。

相反的，女性則會去研究「是在那間飯店約會」、「多久約會一次」及注意那女子服裝、化妝的改變等等細節性問題。

於是，女性會嘲笑，「愛講令人討厭的歪理」的男性，而男性則會排斥「只注意無聊事」的女性。

實際上，愛講歪理的男性，對能記憶細微事情的女性懷有「我可能注意力不集中」的自卑。

總而言之，女人和男人只不過是「破鍋配破蓋」，各有優劣罷了。

⑤女人與男人吵架

●吵架

「下雨後，鬆軟的泥土會變硬。」這句話是表示不打不相識的意思。吵架若沒有好好處理，會成爲難以收拾的局面，結果可能會是「賠了夫人又折兵」。

女人和男人説話，女人有所表示時，男人如何回答？以下是就女人的一些言行，加上男性一般的反應，供給大家作參考。

女（默不作聲，鬧情緒）

男：「（生氣地説）妳又在鬧脾氣。」

女（低聲啜泣）

男：「哭也沒有用。」

女：「你知道你做了多少令我傷心的事！」

男：「不要太感情用事了。」

女：「我們彼此無法了解，真不知道該怎麼辦。」

男：「你應該客觀一點看我們的事。」

女：「你爲什麼總是堅持自己的意見？」

男：「現在我心裏只有工作，其他的我没法兼顧。」

女性在不知如何是好的時候常會哭泣、吵鬧，說「爲什麼你都不了解我」或「你根本就不關心我」。

相對的，男性會發怒、謾罵、叫喊。但不會哭泣（討厭眼淚）等等用講理的方式去解決爭吵，另外可能會有拖延解決問題時間的行爲。

因爲男女對於處理的方式有很大的不同，因此經常針鋒相對的產生摩擦，也許許多人會發現，自己也有這樣的情形。

無論男人或女人，只要改變一下吵架的方式，就可以避免吵架的情形發生。

●陷入困境時怎辦麼辦

「在困境中，才想到要臨時抱佛腳。」男人應該成爲女人在困難時可求助的對象。但是事實上，許多男人在「平時不燒香，臨時抱佛腳」的情形下，不僅無法成爲女性求助的對象，反而礙手礙腳，成爲女性遷怒的對象。

以下是針對男人與女人在陷入困境時的反應而做成的研究。

第一、男性與女性想法一致的

①女性總想依賴他人而生存。

②女性被視爲弱者。

③女性認爲在有問題時，要好好的溝通清楚。

④女性對於夥伴（男性）沒有和他一起苦惱而感到十分不滿。

女性對於③及④尤其的强調。

在陷入困境時，女性會很依賴對方，脆弱易受傷，男性有必要成爲女性的支柱，安慰女性。

同時，女性希望與人談談，一同想出解決問題的方法。因此男性不論多麼忙碌，都要找時間與女性談談，溝通一番。

若是一個受歡迎的男性，就能了解女性的這種心情。

第二、男性所認爲男人的反應。

①討厭被（女性）干涉。

②想逃避問題而埋頭工作。

③認爲自己具有良好的資訊來源及判斷力。

男人總想用自己的能力去解決問題，因此討厭別人的干涉。而當發現無法順利解決問題時，就將問題擱在一旁，拖延時間，並用工作來逃避問題。

男人的這種行爲，被女人認爲「太自私、太獨斷」。

因此男性在陷入困境時，不要去堅持「男性尊嚴」，好好的和女性談一談，因爲女性總是希望「有事互相商量」。

其實，互相討論並不是依賴對方，也沒有丟臉的意思。互相討論，聽聽對方的意思，然後再做個最好的決定，這沒有什麼好丟臉的。

⑥失戀和離婚

●失戀的傷痕

「見面就是離別的開始」。確實，幸福的關係，若沒有努力，也不會長久。

當結束戀情時，十七～二十六歲的美國女性中，有六〇％會陷入沮喪，二十五％考慮要自殺。相反的，十五％的女性並沒什麼特別的感覺。可能是失戀的傷痛及結束的方式每個人都不一樣的緣故。

這是在美國的統計數字，在日本，情形應該也相差無幾。

失戀的時候，男性和女性會有那些行爲，據前面的統計，最具有代表性的爲以下數項。

①到最懷念的地方。
②回憶過去的快樂日子。
③夢見對方。
④做白日夢（茫然狀態）。

這個時候，男性所採的行爲是，到過去兩人常出入的地方，夢到對方，或是做白日夢。

另一方面，女性則是反覆地取出所保存的紀念品觀看。男性到懷念的地方，或做看見她的夢。在幻想中，去咀嚼失戀的滋味。而女性則是很細心地保存他所送的東西，時時拿出來回憶以往的情景，並想到現在二人已分別的事實。

●離婚的徵兆

離婚書三行半。這是江户時代的平民，休妻時習慣在離婚書上寫三行半。現在相反的，是妻子寫三行半的離婚書給先生。只用三行半的文字就結束一段姻緣，令人惋惜。而在三行半中的最後半行，通常寫的是「難捨難離的心情」。

據説，戀愛期愈長的，將來離婚的機率愈低。

例如，戀愛一年至二年結婚的比例，與後來離婚的比例相同，但戀愛二年以上的，離婚率則變低。

根據研究資料顯示，經過春天愈久的夫妻，婚姻愈長久。但在戀愛期間，若有多次强

咀嚼失戀的滋味

男性到過去值得回憶的地方，女性則看那些值得紀念的東西。

烈摩擦，則離婚率也很高。因此事實上，關鍵並不在戀愛期的長短。

有離婚傾向的夫婦，八〇％～九〇％都對對方有不滿，如下。

①希望對方能坦白說出自己的感受。

②感謝自己。

③希望互相討論到有共識爲止。

當有離婚的預兆時，只要將這些不滿消除就可以了。

例如，將自己的感覺坦白的告訴對方，發現問題時不要悶著，要徹底討論溝通到解決爲止。夫妻雙方要互相體貼，「謝謝」「辛苦了」這些話要常說。

⑦對喜歡的人容易記住他的臉

「你有出席六月九日的宴會吧，那天你穿粉紅色的洋裝，没想到又見面了。」

聽到男人向自己説這樣的話的女人，會認爲：「這人在喜歡我。」並覺得感動。

但若那女子説：「宴會時你有去嗎？我不記得了……」這就表示那女子的眼中並没有你，是一種一廂情願的例子。

這在商場上也有相同的情形，若其中一人説「我在西門町某處的宴會上曾見過你。」對方會認爲「他特別關心我」而覺得感動。

爲了讓別人有這種感動，最好在見面時就記住對方的名字、容貌，見面的時間、地點，談話的内容，對方的服裝穿著等。

若你曾目擊百貨公司的一個竊賊，現在拿六個人的照片，要由其中選出小偷，你有自信找到小偷的照片嗎？

曾利用百貨公司竊賊作心理實驗。當目擊者認爲「被偷的東西屬高價昂貴品」時，找出犯人的機率是五六%。

若是廉價商品，則找出犯人的機率是十九％。

「目擊事件發生是一件很重要的事。」有這種想法的人，就能仔細的觀察，記憶犯人的特徵；相反的有些人幾乎毫無記憶。

人會特別注意自己有興趣的人、事、物。例如自己喜歡的人若改變髮型或化妝，就會馬上發現。

「你改變髮型了。」當對方這麼說時，你會高興「他特別的關心我」。

當交換名片後，在空白的地方寫上認識的日期、時間、地點及認識的情形，並記住對方的長像，以供下次見面的資料。

但是若記得太詳細，會被認爲好像徵信社的偵探，令人敬而遠之。「我記得咱們談話的內容好像是……。」「我記得你的髮型好像是……」用這樣含糊的口氣較好。

⑧自己最可愛

●愛慾會有不公平的判斷

普林斯頓大學和達特馬斯大學進行美式足球的比賽。

這次比賽造成多位選手受傷，手、腳、鼻子骨折的情形相繼發生，造成二校校史上的一大污點。

比賽之後，在二校校園中播放比賽錄影實況給學生們看，要學生們客觀地判斷，那麼多的犯規情形，到底是誰的責任？

結果，二校的學生皆認爲「自己學校的選手是受害者」。多半的學生皆作對自己學校有利的判斷。

相同的資訊來源，因信念與行爲有很深的關係，使得判斷不客觀、不公正。如先前的比賽，愛校心愈强的學生愈會認爲「是對方的選手犯嚴重的錯誤」。並認爲「自己的判斷才是正確的」。

例如在會議中，一直没法達成共識，上司會認爲「部下的態度太惡劣」。而部下也會批評上司太過固執，上下互相責難。

當丈夫有外遇時，妻子該如何？

當丈夫與妻子都深愛這個家時，妻子會認爲「那女人來誘惑你，你對女性的態度要改一改」。對自己的丈夫採寬容的態度，相反的，對對方的女性就有很嚴厲的批判。

相反的，若妻子已無法忍受丈夫的素行，這時妻子會冷靜而客觀的認爲「不是那女的不好，是你自己的問題」。

●愛其所擇

向主婦像介紹烤麵包機、咖啡壺、三明治烤架等家電製品。

請主婦們評估這些產品的魅力程度，並表示爲了感謝幫忙，將贈送其中一項產品作爲禮物。

先讓主婦們自三樣產品中選出二項「最有魅力的」。數分鐘後，再要求，從二項產品中再選出一項來，以便進行心理實驗。並在此時表示，將贈送主婦們最喜歡的那一項產品作爲禮物。

結果發現，第二次評選時，對自己想要的產品給的評價比第一次要高許多，而不想要的那項產品則給予非常低的評價。

對自己所喜愛的東西給予相當大的評價，誇大其優點，縮小其缺點；相反的，對自己不喜歡的東西則會誇大其缺點。

「嗯，這樣就對了」。對自己的決定十分滿意的上司的神情，你看過嗎。

同事問：「你真的要和他結婚嗎？」

「那是我的選擇沒錯。」

她可能對向她求婚的他作了過大的評價。

●克服誘惑會更加強信念

以下是對小學六年級的學生所作的心理實驗。

開始時告訴學生們：「考試最高分的人有很好的獎品。」來增加競爭心。

而那次考試，是沒有作弊就不會有好成績的。並且在那次考試中刻意不安排監考老師。

結果，有人作弊，也有人不作弊。

翌日，問學生們對作弊的看法。

考試時有作弊的學生說：「有時是不得不作弊的。」而克服作弊誘惑的學生則表示「絶對不作弊」。比以前更嚴厲的批判。

能克服誘惑的人，認爲自己的行爲正確，會更堅定信念。另一方面，無法克服誘惑的學生則會給自己的行爲有較寬容的解釋。

例如，有拒絶賄賂經驗的人，會對收賄的人相當嚴厲的批判。相反的，曾受賄的人，則會坦護同樣收賄的人，認爲有時候不得不如此。

當女人誘惑「今天在我那過夜吧！」嚴峻拒絶，並表示「我要回家」的男性，是執著著没結婚就有不可如此的信念。

⑨判斷男女之間的私人空間

●依自己的地盤規劃自己休息的地方

讓夫妻，或已同居者回答以下的問題。

①有各自的床或被子嗎？或雙人床上有自己固定的位置嗎？

②有沒有自己的抽屜或櫥櫃？

③在洗手間中，有沒有各自擺放自己用品的地方？

④餐桌上有沒有各自固定的椅子？

這些問題，與自己的私人空間有很大的關係，回答「是」的人，即表示擁有自己的私人空間。

美國研究報告，已結婚的男女，比沒結婚的男女（包括已同居），更擁有私人的空間，因此，已結婚的人對這些問題回答「是」的比例較多。

已經結婚的人想長遠地維持關係，因此會清楚地決定各自的私人空間，使二人之間的心理保持距離，建立不過度互相干涉的關係。

另一方面，同居中的男女，認爲二人的關係是暫時的，不長久的，因此不必決定各人私有空間。也害怕若決定了，彼此的關係會比自己希望的更長久。

同居中的男女比已結婚的男女更需要私人空間。因爲自己的房間可不讓對方進出，或成爲自己想躲避的場所。

例如，當吵架時，若各自回自己的房間去，可以不解決問題而使之自然淡化。而同居中的男女，因不想二人關得長久，因此不認爲有個人房間存在的必要。

另一方面，已結婚的夫妻若發生糾紛，爲避免耿耿於懷，只要一有問題，就要談清楚，問題解決後，就沒有逃進自己房間的必要了。

●確定自己存在感的空間

想想自己是否有以下的問題。

①最近回家後，發現無法溶入家人之中。

②在家裡找不到自己私人的物品（被收在櫥櫃中）。

③常比家人先進去自己的房間。

有自己私人的空間

結婚後，爲使二人關係更長遠，因而有各自私人的空間。

想一起是否有這些情形，若有，不僅是夫妻關係，連在家中的地位都已開始動搖了。

在客廳中會覺得尷尬或找不到屬於自己私人的物品，表示自己的地盤已愈來愈稀薄。若是身爲一個父親，表示家人已開始「無視父親的存在」，因爲你對工作太熱中了。當發現此徵兆時，要努力加强自己在家中的地位。

若是爲人子有這種徵兆，表示父母希望你「離開家，獨立生活」了。這意味該考慮，結婚後搬出去住，或已到了該是自己獨立生活的年紀了。

作者曾爲因胃潰瘍而長期入院的病人作心理治療。許多人在醫院中，病況改善（醫院內緩解），因而出院，但一出院没多久，又因病況惡化，再度入院。

在家裡、公司、酒館、餐廳，許多人都是緊張地在生活著，只有在醫院中，才能安心休養，於是病情就會改善。但是一出院，就失去休息的時間，使得病情再度惡化。

多半人在家中有自己的地方，一回家就有放鬆的感覺（家庭内緩解）。因此回家，就是放鬆精神了。

推論之，下班後若不去酒館就不想回家的人，是酒館内緩解。因此可知，緩解有許多種形式，因人而異。

在心理治療時，發現患者的病因大多和搬家，或職位調動有關，因此這也可解釋爲和地盤有關。

例如，有所謂的「搬家憂鬱症」，是由於要捨棄已住慣的地方而引發的病症。因無法適應新環境而苦惱的人，事實上是因爲留戀以前的地方，無法割捨之故。或若對新職務不適應，也是因爲太執著以前的職位之故。

也有人不願意有自己的空間，例如，不在辦公桌上放私人的物品，或不使用私物櫃。

這人心裡是想「反正我不打算在此長久工作」，因此不去建立自己私有的空間，有預備轉換工作的傾向。

第❹章

做不到便立刻放棄

①人都會為錢而動搖嗎

●高級轎車使人敬而遠之

當紅燈轉成綠燈，十二秒後，觀測後方的車輛是否鳴按喇叭。這是在汽車王國美國所做的心理實驗。

結果，若前面的車子是克萊斯勒等高級車的話，其後的車子約八・五秒後會開始鳴喇叭。若前面是中古老爺車，則時間爲六・八秒。至於後面車子没有鳴喇叭的，克萊斯勒車十八件，中古老爺車六件。

這就是所謂社會性勢力（Social Power）的現象。

一般人都會認爲「有錢」等於「高級車」等於「高地位」等於「有社會勢力」。因爲被「社會勢力所壓迫」，而不敢按喇叭，或是延長猶豫的時間。

開著高級車、穿著高級的衣服，或是購買高級傢俱的人，是想靠著社會勢力而去影響他人的情緒，或是想藉此站在較有利的地位。

●特價品被敬而遠之

相同的商品，但價錢上差距很大，擺在同一個商品架上，你會不會猶豫著要不要較廉價的。

在美國的一個超級市場門口散發這樣的傳單：「買X品牌的吐司（一斤二十五分錢）在收錢台將贈送三十五分錢。」

結果，雖然買一斤的吐司可賺十分錢，但是買X牌的人卻變少。

因爲行爲所得的報酬太高了，因此會有被他人强迫行動要「那樣做」的感覺。認爲受到强迫的人會「因爲想解決被脅迫的壓力，恢復自由，因此遠離那被推薦的行爲」。

若一位美麗又有錢的女子對一位男士說：「你當然會要和我結婚。」那男子多半會回答「No」。這心理是與不去買「可以賺錢的吐司」相同的。

同時，對於想反抗那利用高級車逞威風的人，有人認爲那是一種笨蛋的行爲。

② 人可以親切到什麼程度

許多人在窗口前排隊，這時突然有人要求我：「對不起，我要去打個電話，麻煩幫我保留一下位子。」被要求幫忙看管行李是常有的事，但被要求保留順序的經驗卻是第一次。

●在街上的鄰人

爲了要搭長程列車，常要排很久的隊買票，於是有人用行李或紙袋來排隊，若沒有東西可代替排隊，只有拜託排在前後的人「證明自己的順位」，除此外別無他法。

在圖書館，將私人物品放在位子上占位子，但人卻離去二十分鐘，這時八〇%的鄰座都會保持原來的位子不變，這是在圖書館實驗的結果。

另外，又有以下的實驗。

在大學圖書館，有六人座的長桌，以其坐在角落位置的男學生爲對象。實驗者A，坐在那男生的同一側，中間隔一個位子。

將三本書整齊的排放在桌上，一會，人卻離去。二十分鐘及六十分鐘後，分別由實驗

確保位置的心理

將東西整齊地排放，鄰人會確保你的座位。

者B來詢問那男學生：「這位子有人嗎？」

結果，當二十分鐘後詢問時，鄰座表示「有人」的機率是八〇%；而當座位空著六十分鐘後，鄰座表示有人的機率則爲四〇%。

另外發現，當離座者所留在位子上的東西不同，效果也不大一樣。

在圖書館的座位上，若放的是書及筆記本，那座位可保留二小時，若放的是雜誌，則可保留七十七分鐘。

若雜誌是散亂地擺放著，則只可保留約三十二分鐘。若擺放的是一般私人物品，則可能被視爲遺忘的或被丟棄的東西，保留座位的效果薄弱。

在治安良好的日本，許多人將行李放在候車室的長椅上，自己卻悠哉悠哉地去逛商店，實際上，這些行李是有親切的鄰人在幫你看管著，因此我們要分外地感謝那些親切的鄰人。

●親子感覺

熱湯不會冷卻的距離是二公里。聽到這句話會想起父母的，應是中年以上的人；現代的年輕人聽到這句話，可能純粹只想到，那是運送熱湯時不會冷卻的距離而已。

「熱湯不會冷卻的距離」這句話，是在一九四八年，J.H.歇爾頓所認爲，子女與雙親所居住，可互相照應的基準距離。而「熱湯不會冷卻的距離是二公里。」這句話則是，日本東京都老人綜合研究所在日本，用味噌湯實測所得的數據。

根據這項調查，味噌湯剛煮好時溫度約九十度，放置三十分鐘後飲用，此時的溫度最恰當（約六五～七〇度）。而三十分鐘，若以女性的腳程（每分鐘七一．八公尺），則約可走二一〇〇公尺。

氣溫與容器可能會影響這項數據，但一般而言，味噌湯在二公里之內是不會冷掉的。

而歇爾頓本人，以五分鐘爲「湯不冷卻之距離」，所測出來的距離約是三五〇公尺。一般女性六〇％認爲，住在長輩近鄰是「湯不冷卻的距離」。長輩年紀愈大，愈認爲該住在其左右或乾脆同室而居，才認爲是「湯不冷卻的距離」。

照這樣說，年輕夫妻若住的距離，是煮好一碗湯送到雙親面前，而湯仍溫熱，則這樣的子女就堪稱孝順了。

但是對於年老的雙親而言，他們並不滿足，他們所要求的距離，是能夠和兒女一起喝剛煮好，熱騰騰的味噌湯。這表示，孩子們所認爲的孝順，其實是和雙親們有一段距離的，心理的距離是無法用物質去衡量。

③ 坦 護

●以某人為榮

常聽到「某偶像歌星是我高中同學。」或者「公司表揚的那個人以前是我的部下。」朋友成了有名的人，或是部屬的成績優異，這原本和自己的價值是無關的，但是許多人卻想與之爲友，你有這樣的心態嗎？

利用名人與優秀的人可提高自己的價值，這種情形叫做沾光，在以下的場面常見到沾光的情形。

第一，某人的表現良好（業績提高），但是其表現與自己並無直接的關係，但想分享別人這份榮譽，這種情形叫沾光。

例如，有一位朋友在和自己不同的工作領域中相當的活躍，但那不是一位很親近的朋友，可是卻公開地告訴別人和那人是親友。因爲和自己同業的人俱爲競爭的對手，並不能成爲沾光的對象。

和名人父親在同一個工作單位的兒子，會很以自己的父親爲榮，但這樣並不能提高他自己本身的價值，因此這樣的兒子有時候會產生反抗父親的心態。

最近，在政界、財經界、演藝界，都有第二代十分活躍的情形，想沾光的人愈來愈多，這打的是利用坦護心理的如意算盤。

第二，和自己親近的人，若活躍在與自己並無十分直接關係的領域時，會提高其評價。

例如，職棒紅星的父親，將在職業高爾夫球界的女兒評價「比我還厲害」。而想沾女兒的光，提高父親本身的評價。

這是「癩痢兒子是自己的好」的心態。

●偏心的做法

坦護像自己的人是一種偏心的做法。我們會喜歡與自己相似的人，和自己相似的人較易親近（類似性要因），因此容易去偏坦像自己的人。

第一，對與己相似之人永遠會容易對他伸出援手。

第二，對與自己相似的人有「知性的，適應性强，道義心强」等好的評價。

第三，願意盡自己的力量去協助與自己相似的人。

第四，與自己相似之人共事時，會發現時間過得很快，彼此談話很愉快。

第五，對與自己相似之人的評價，要比事實來得高。

第六，對與自己相似之人，易生好感。

第七，會傾向支持或採用與自己相似的人的意見。

第八，會給與自己相似的人較高的薪水。

第九，當與自己相似的人犯錯時，會從輕量刑。

爲什麼會對與自己相似的人心生偏坦？那是因爲當人們接觸與自己完全不同的人時，會有不確定感及威脅感，爲了避免這種威脅產生，會去親近與自己相似的人。

在工作中，能給予和自己不相似的人客觀的評價，才是正確的做法，但是要做到這一點，卻是很難的。

「她和我有類似的遭遇，我很能了解她的心情。」坦護是戀情及友情孕育的條件。

④如何拍馬屁

●拍馬屁的四種方式

拍馬屁這句話，有十分負面的意見，在字典上的解釋是「爲了自己的利益而去討好別人」，這樣的解釋會讓人覺得拍馬屁是令人厭惡的行爲。

在心理學上，一種故意的，沒有企圖的得到特定人善意的行爲，叫做「獻殷勤」，或「迎合行爲」。

在這裡將拍馬屁解釋爲「不僅爲了自己利益，亦讓別人對自己有好感的一種迎合行爲」。讓對方對自己有好感，則自己能得到較高的利益。

在日本，有一位曾擔任翻譯及保險工作的美藉心理學者E·E·瓊斯。瓊斯先生以研究迎合行爲而知名。

拍馬屁有四種模式。

第一，奉承對了，提高對方的自尊心。例如說「不愧是你，懂得真多。」、「這個看法真了不起。」等的話，對方絶對不會覺得討厭。

但是，會奉承別人的人，心裡可能想「我有讚美你的度量」而自負。一個不會打高爾夫球的人奉承別人說「這球打得真好」。可能會得到反效果。

第二，附和對方的意見。例如說「你是對的，我也這樣想。」但是這種方法最好在對方表示意見時就先說出自己與他一樣的意見，若等對方表示了自己的意見，再強調自己有相同的看法，會被誤會有所企圖。

第三，對人很親切。說「請拿去用」或「我幫你拿」，很親切地照顧對方。這種親切，若被對方看出不是出自真心或只是多管閒事，則會有反效果。要傳達給對方「是因爲你，我才如此親切」的心情。

第四，利用同理心，或委曲自己的方法。

「我做這行十年了，所以我很能了解你說的。」逢迎對方。

相反的，說「我没法做得像你那麼好。」或「我是外行人，所以要請教你。」用卑下的姿態來奉承對方。逢迎的方法很多，妙用無窮，是一種能使人際關係更圓滑的工具，但是，若有以下的情形時，拍馬屁則會得到反效果。

①當對方不信任你時，這時若拍馬屁會被對方認爲你想騙人，而得到反效果。

②若被對方認爲「其實你對任何人都是如此」，或「口是心非」時，也會有反效果。

⑤誰的責任？

●結果是好的，就不會有人去追究過錯

化學實驗時，學生A、B、C、D四人，分別惹出了以下的事件。

①A：弄錯順序而造成大爆炸。

②B：發出惡臭。

③C：有了不起的發現。

④D：發出香味。

①和③屬於大事件；②及④是小事件。①、②爲不好的結果；③、④則是好的結果。

一般人對四個學生分別有何評價？依心理實驗得出幾個結果。

第一種，結果是好的。C學生有了不起的發現，評語是「只是運氣好罷了，非本人實力。」

發出香味的D學生評語是「由於本人努力結果」。

第二種，結果是不好的。發生大爆炸及發出惡臭的學生，分別被追究責任。

當和女友和平分手或吵架分手（皆「不好的結果」），別人都會認爲是男性的錯誤。

若是「高攀」上一位條件很好的女性（和有了不起的發現一樣，屬於好的結果），則別人會無視那男性本身的能力及優點，嫉妒地說：「你只不過較幸運罷了。」

若是和一位平凡的女性結婚，（與發出香味一般爲好的結果）則會被祝福道：「你和了不起的女性結婚了，因爲你也很優秀。」

當做錯事時，若結果良好，則不會被追究其責任，但不被認爲會有好成績；當結果不好時，則會被追究其責任，並影響將來的前途。追究責任的方法，是沒有一定的原則的。

●結果太嚴重，被追究不小心的責任

因爲他的不小心，使女孩子懷孕了，到醫院檢查後確定是懷孕。

同樣是因爲男生不小心，但是一到醫院檢查，卻發現女生並沒有懷孕。

你認爲那一個男孩子錯得較嚴重？

曾有以下的心理實驗。

一位青年將一輛老爺車停在斜坡上，忘記拉手煞車，於是車子急速下滑。

這時，會有四種結果。

第一種，車子快撞上牆壁時，撞到大石頭，只保險杆凹陷。

第二種，車子撞上牆壁，造成極大傷害。

第三種，車子差一點衝進商店中，被大石頭撐住、保險杆凹陷。

第四種，車子衝進商店中，並撞傷小孩子，店主要求賠償。

前面的四種結果中，車子有重大損傷，撞傷店主的孩子，是屬於嚴重後果，那青年要負重大的責任。

一樣的粗心不注意，結果較嚴重的（不論是否有人員傷亡），責任會加重。若牽涉到道德的問題，亦有相同的情形。

根據這樣的結果，當女性沒有懷孕時，男性的責任會變輕。其實，男性的行爲都是一樣的。這一點對女性而言，覺得很矛盾。

於是結論是，當事者的責任是輕是重，將決定於結果重大與否。

⑥ 發怒與攻擊的機制

●表現生氣的方法

「該怎麼辦，你又不說，我怎麼會知道？真是個笨蛋！」這時候，如果反駁，無疑是火上加油而已。

有不滿時，大部分都會有攻擊傾向，以發洩怒氣，但攻擊的方法，因人而異。

第一，直接攻擊。

「是你不對！」用言語攻擊對方，有時候會使用暴力，將怒氣直接表現出來。若是性情耿直的人，別人會諒解其情緒的變化。

第二，遷怒他人。

當背著人罵「笨蛋」的，是遷怒別人，絕對不會正面攻擊。因自己立場較弱，若正面攻擊對方，將使自己的立場更不好，因此本來毫無關係的第三者，即成了遷怒的對象。

不敢反抗上司的小主管，會因爲小事而怒責自己的部屬。回到家裡對妻子態度惡劣的丈夫，可能是將在工作上遇到不愉快帶回家中了。

若在學校被欺負，又不敢反擊的孩子，回家後會虐待家中所養的小貓小狗，破壞玩具，或向親人使用暴力。

第三，畏縮而成固執。

不論問他什麼，都說「不知道」，或只是哭泣；態度傲慢使親人擔心。這是小孩子常用的手段，也是一種退化的現象。

另一方面，只反覆地說：「我不知道該怎麼辦。」卻完全不去想解決問題的辦法，這是一個固執現象。或有些會躲在房間裡面，不開口說話。

退化與固執，都是因爲不知該如何攻擊對方，持續地壓抑自己而造成的。

●攻擊的誘因

上司正大聲地怒斥下屬，同事們交頭接耳地揣測道：「昨晚可能和太太吵架了。」

可能有和太太或女友吵架，又被上司責罵的經驗，這時男性會變得十分暴躁。

社會心理學者L·帕可維茲說：「欲求不滿是形成攻擊的原因，這是若有攻擊的誘因，即會發生攻擊的行爲。」

例如，讓二人一組一起工作。

先由A指責B的工作態度不好（形成不滿），然後放映由寇克·道格拉斯主演的電影「冠軍」，只放其中激烈的打鬥場面約七分鐘。

放映完，要B來評價A的工作情形。

這時候，B有明顯的攻擊傾向，尤其若A的名字剛好也是寇克時，攻擊的傾向更强。

因爲强烈的批評造成的不滿，它促成攻擊前的準備狀態，而電影的格鬥場面及對方的名字，則直接引出攻擊的行爲。

由於戀人，上司或同事之間的許多糾紛，而使自己脾氣暴躁的人，應採取「多一事不如少一事」的方法較好。

●控制攻擊情形

她惹了心上人大發雷霆，這時候不必慌張，有以下的方法可以消除他的怒氣。

①表演可愛的樣子。

聽說澳洲的原住民與白人接觸時，都讓孩子走在前頭，大人在後，將手搭在孩子肩上。

因爲小孩子的特徵（圓臉、大眼睛、小嘴巴、小身體、寬寬的額頭），可抑制對方的

可愛的臉有抑制攻擊的效果

孩子的大眼睛、圓臉頰，可抑制對方的攻擊心

攻擊性。

所以，抬起頭看著他（讓頭看起來比較大），像個孩子似的去向他撒嬌。

②縮小自己的身體。

據分析，孩子們之間吵架、打架輸的，爲了抑制對方的攻擊，會縮小自己的身體（垂著頭或蜷縮身軀）。

在他面前，將頭低下或蹲下，等他上前時，去抱抱他撒嬌一番。

在商場上，這個方法也可能有效，要考慮對方的情形而隨機應用。

知道這些方法，較易控制自己的心，相反的，在面對他人的攻擊時，能更冷靜地應對。

⑦求助的要領

●幫忙的心理

面對一個隨時都會開口說「我來幫你」親切的人，當要接受他的幫助時，先要懷疑他是否有什麼企圖。

①「我先幫你，你再幫忙我。」市恩型的親切。

②「以前有被別人幫忙過，現在幫忙別人。」報恩型的親切。

③爲了答謝對方而親切，相反的，爲了得到對方的報答而親切。爲一種互惠型的親切。

④「之前困擾你，現在幫忙你。」爲補償型的親切。

⑤「我幫你。」强迫幫忙對方，而引誘女性的男性不少，這屬於有企圖的親切。

沒有任何企圖、目的，純粹自願幫助別人，在心理學上，叫做援助行動。例如幫助、救助陌生人，募款或慈善活動等皆是。

援助行動對自己的好處有：

第一，提高自尊心，加强自信，使個性更積極。
第二，用慈悲心、愛心確立自己的形象。
近年來，獎勵慈善活動，參與贊助的企業團體愈來愈多，可能是在援助行動中所得的體驗，對事業有很大的助益吧。
「報應不爽。」對別人要親切一些。

●會幫助你的人

一旦別人要求，就無法拒絕，或是見到他人有危難，就會去幫助。這種喜歡幫助別人的人是屬於那一類？
第一，當幫助人時，沒有危險，又不必花很大的氣力，這時，女性比男性樂於助人。
第二，鄉下人比都市人更樂於助人。
第三，常與他人感情產生共鳴，或認爲「不論成功或失敗，都是自己努力的結果。」這一類的人常會幫助別人。
第四，曾幫助過別人，下一次再遇到類似情形時，將會再幫助別人。
第五，曾有愉快助人的經驗，或曾因幫助別人而得到讚美，則將會再助人。

平常，要去多注意那些人較容易幫助別人，當自己實在忙不過來時，即可要求他幫忙。而最好的方法，就是平時要多去幫助他人。

●易助人之人

當臉上現出「有困難」，然後有男性來詢問「怎麼了？」這樣的女性是很幸運的。有時候，也可能面臨到四處大聲求援的不幸情形。

要如何才能馬上得到需要的幫助？

第一，女性比男性更容易得到幫助。當你在街上車子不幸拋錨時，請你的女友下車去求助較好。

第二，服裝整齊的人，易得到他人援助，因爲有魅力，有清潔感的人，別人容易親切待之。

第三，想得到援助時，碰觸對方的手並熱烈要求，對方多半不易拒絕。

被女孩子拉著手，嘴裡說「我求求你」，眼睛並透出熱烈求助眼光，這時男性多半無法拒絕。

第四，求助的理由不屬於自己的責任時，較易得到幫助。

例如，上班遲到了，來不及趕上與客户約好要見面的時間，這時打電話給同事「代替我和客户見面」。這時候遲到的原因明明是「宿醉」（自己的責任），要説成「妻子患急病」較易得到援手。

最好是讓別人認爲「我爲了她而犧牲自己」，更容易得到幫助。而平時的言行，則形成遇到大事故時，是否能獲得援助的重大關鍵。

●被幫助的條件

加班時，從鄰近的房間傳出重物落地的聲音，然後是女性的悲鳴。

這時候該怎麼辦？根據心理實驗，若是獨自一人時，有七〇％的人會很快出去救人；若有二人一起，則只有四〇％的人會出去救人。這是由於旁觀者效應。

所謂旁觀者效應，即是當身邊有與自己立場相同的人時，助人的心就會下降，其原因如下。

第一，認爲自己不去幫，也有別人會去幫，叫做責任分散。

第二，要自己不要多管閒事，以免被他人取笑的退縮心態，叫做聽衆抑制。

第三，「與我無關」，看到別人有難，認爲自己没有必要去幫助，是一種多元的無知。

防止旁觀者效應的發生。

請身旁的人幫助你時，不要只說「有誰能來幫忙」，而要說「××，拜託你。」特定對象的要求，是好方法。若能更强調事件的緊急性，如「這是一個小時後的會議要用的資料」。會更有效果。

有人會怨嘆「沒有人向我伸出援手」。這人一定不擅長向周圍的人傳達需要幫助的訊息。若是已被別人認爲是不親切，又自私的人，則無論那一種方法，都沒有人要幫助他。

⑧ 不安時，會有何行動

●和夥伴分享衝擊

松下電器社長山下俊彥年輕時，曾被松下幸之助先生叱罵。回家後不久，即接到松下幸之助的電話。

松下先生說：「剛才我說的話太重了，最近我很暴躁易怒……。」說明了生氣的理由，最後又說：「今後仍要拜託你。」而結束了電話。

這對話的真僞並無法確定，但接到這通電話後，解決了對兩人以後關係不安的疑慮，使山下氏更有「爲了此人，我要完全付出一切」的心情。

美國社會心理學者S·夏克達做了一次「當有强烈不安感時，向同伴求助。」（親和欲求）的實驗。

他向協助實驗的女子大學生不自然地笑一笑，說：「這個實驗中的電流衝擊，會造成很大的痛苦，但並不會傷害皮膚。」這是爲了提高不安感的實驗操作。

作完說明後，又說：「我要準備實驗，請在休息室等候十分鐘。」休息室分成二種，一種是一人一間，一種是可讓全部參與實驗的人都在一起。讓他們自己選擇休息室，有六三％的人選擇了團體休息室，只有九％的人希望在個人休息室。

「物以類聚」當心裡有不安的情緒時，會想和與自己有類似境遇的人在一起。和與自己有類似遭遇的人在一起時，心情較放鬆，同伴間資訊獲得較容易。看見同伴的樣子，較能掌握自己的心理狀態。這就是在不安時，想求助同伴的理由。

因爲被叱責，心裡難過又不安的山下氏回家時，正有很高的親和欲求，這時，松下氏的電話，正好滿足了他的親和欲求。

松下氏知道心裡十分不安的山下氏，正想找個人談談。於是選擇了一個恰當的時機打電話。這份關心讓山下氏感動不已。

當和女性吵架後，在當天夜裡，一定要打個電話，和她聊聊。若是夫妻間爭吵，在吃完飯，喝茶時聊聊，會更鞏固彼此間的情愛。

能夠滿足親和欲求的話，正是「下過雨後使鬆軟的土地更加堅硬」。

●單獨一人承受衝擊

一九六三年，美國第三十五任總統J·F·甘迺迪被暗殺。事件發生後數日，調查人們聽到這消息後所作的反應。

有五四%的人想和朋友談談這件事，而有四〇%的人則想一人獨處。

如前所述，當人們心中有强烈不安時，會有想和同伴在一起的親和欲求，但根據調查的結果，另外也有許多人在遇到不安時，想要一個人安靜獨處。

其實在甘迺迪事件中，回答想一個人獨處的，大多是甘迺迪的崇拜者，因爲强烈的悲傷及不安，使他們會有「想一個人獨處」的心情。遇到强烈的悲傷及不安時，有的人想和同伴在一起，有的卻想一人獨處，爲什麼會有這麼大的差別呢？

據研究，情緒不易動搖的人，較渴求與他人接近的親和行動，與朋友見見面，說說話，可以緩和心裡的不安。相反的情緒容易激動的人，會想離開群衆、同伴，一人獨處。這種人是想避免與他人比較，以及被看出自己動搖混亂時不好的樣子。

朋友遭遇到令他煩惱的事情，若去關心「你不要緊吧！」或是「想談一談嗎？」這樣反而會使他更困擾，這時候，最好在短時間內不要去打擾他，遠遠的守著他，這樣才是真正的關心他。

他（她）受到大衝擊時說「我不想說話」，或表示想一人獨處。若他是情緒激烈的人，要「等待一段時間」再關心他較好。

第❺章
他山之石可以攻錯嗎

①保持舒適的心理距離

●舒適的心理距離

心理距離和車間距離一樣，車間距離是要保持二輛車的距離，當前一輛車緊急煞車時，後一輛車也不會撞上去的安全距離，一定有不少人有這樣的經驗：在汽車教練場裡被教練怒叱：「小心，要保持安全距離！」

在駕駛汽車時，要考慮前車的速度，道路的狀況，再決定那「不近不遠」的車間距離。

若沒有形成良好的人際關係則會造成自己很大的困擾。我們要從自己與他人的關係、親密程度、角色之間上下關係，來決定與別人之間的距離。

例如，說話的口氣、態度，與人的接近度，都可作爲與人相處時的加速器或煞車器。

最近，在新進員工研習會中也增加了「人際關係」的課程。

●若即若離的距離

一年冬天，一對刺蝟夫婦因爲太冷而快凍死了，就想彼此相互取暖，但是二人一旦接近對方，就會被對方的刺刺到。

但是若離得太遠，卻又無法取暖，於是反覆的若即、若離，一直到找不到刺傷對方，又能互相取暖的「若即若離」的距離。

這是哲學家叔本華所寫的一篇寓言。美國精神分析醫師L．貝拉克引用這個寓言，來警告現在人都已陷入刺蝟般進退兩難的情形。

若與別人太接近，會互相傷害；離別人太遠，又不能忍受獨自一人的孤獨感，這是因爲現代人找不到與別人相處的適當距離；已陷入進退兩難的情形。

換句話說，不能與別人保持適當距離的人，已如刺蝟和剛拿到駕照「新手駕駛」的人一樣，已陷入進退維谷的不好狀況。

●照後鏡症候群

開車時，常會利用照後鏡來測量自己和後車的距離，你是否常在不知不覺中踩踏油門，加速前進。

說是因爲怕被後面的車子追撞，事實上是因爲不喜歡後面的車子離自己太近而加速，拉遠車間距離。

同樣的，不論是在街上或在宴會會場，若發現有不想打招呼的朋友，就會避免與之碰面而轉向。這種現象就叫做「照後鏡症候群」。

有照後鏡症候群的人與別人之間的距離，已遠遠超過適當的人際關係所需要的距離，也失去與朋友之間有舒適的心理距離的機會。

要累積了一些不愉快的經驗，如與別人吵架或尷尬等，才能又快又準的抓住適當的人際關係。

②拒絕別人的人與團體

●難接近的人

當甘迺迪在競選總統時，他的助選員爲了强調甘氏的權威，花了一番功夫去調節維持甘迺迪與選民之間的關係。

當甘迺迪當選總統後，原本在他身邊與之談笑的人，都自動地與他保持一段適當的距離。這表示，有權威的人，自然會使別人與之保持適當距離。

若一個人（不論男女），站在人行道的一端，似乎在等人的樣子，觀察走近這人行道的人會有什麼行動。

若站在那的是男性，則行人繞的遠度比女性更甚。若是有魅力的女性，則行人繞路會比沒有魅力的女性更遠。

這是在美國所做的觀察結果，行人會遠遠繞過男性而走，是因爲大家認爲那男的說不定是幫派份子，或是不良少年，行人抱著「寧走十步遠，不涉一步險」的心態，遠遠地繞過。

而爲什麼有魅力的女性大家也會遠遠避開呢?那是因爲一般會認爲有魅力的女性很難接近。而男性行人經過,若是太接近有魅力的女性,可能會被以爲有什麼不良企圖,因此而遠遠避開。

另外有一個實驗,一個人行道,寬約一四〇公分,一對牧師夫婦站在那兒說話,行人會繞過兩人通行的比例是六八%,而同樣的情形,若站在那兒說話是上班族,則比例是五〇%,若是學生,則爲二六%。

由此可知,行人會因對方的屬性(職業、地位、年齡)不同,而有不同的反應,而反應是由屬性、服裝及外表印象而作判斷的。

你有沒有「部下都不靠近你身邊」,或「女同事、男同事都離自己遠遠的」這樣的感覺。

有這種感覺的人,必需檢討自己的言行,例如,是不是太强調上司的權威了?或是做出使異性對你敬而遠之的行爲等。觀察別人的反應而去反省自己的言行。

身爲一個主管,必須要有能使部下敬畏的權威及魅力,但是有時候,也要製造能使部下接近的氣氛,與部下建立新的關係。

●愛説話的小團體會排拒他人

在自助餐式的宴會上，當宴會到達高潮時，會發現那些聚在一起説話的小團體，儼然有一股別人無法加入的獨特氣氛。

由數人組成的小團體叫做「相互作用空間」。形成此空間後，別人就不易加入此團體中。

在人行道上進行以下的實驗。男女各二人，共四人，以五種不同的方法站在人行道上，觀察行人經過他們時所做的反應。

第一，當四人各做各的事時，行人直接穿過他們之間的比例是七八％。

第二，若四人在看櫥窗，則行人穿過他們的比例是五五・五％。

第三，當四人站著説話時，行人穿過的比例是二四・二％。

第四，四人互相怒叱，爲一八・二％。

第五，四人快樂談笑，則比例爲一四・一％。

第一及第二中，行人並沒有認爲四人有「相互作用空間」（第一），或其空間薄弱（第二），於是行人穿過其間的比例大。

而當有明顯的「相互作用空間」（第三～第五）時，通過其間的行人就會減少。尤其四人互相怒罵或高聲談笑時，更加强其相互空間的效果。

例如在宴會中，三個男朋友見面，若其中一人帶著女友，很親密地在說話時，另外一人可能就乾脆不和他打招呼了。

對小團體而言，「相互作用空間」是一個很舒適的空間，但對其他人而言，這卻是一種刺眼的存在。多半組成「相互作用空間」的，都是親密的同伴，有派系、人脈的表示。

③維也納會議

●知己知彼的三原則

有一句名言道：「會議看來很精彩，事實上內容卻毫無進展。」「維也納會議」這部古老的電影中，是描述當年拿破崙失敗後，歐洲的君主大臣聚集在維也納開會。而所謂會議只是私底下的權謀術數，以及舞會及狩獵而已。那次會議只是一種形式，其議程，似乎和今天日本國會中的情形相同。

但是，若以相同的成員，反覆開過幾次會後，就會發生有趣的情形。這是心裡學家B·史賓塞所發現的，叫做史賓塞原則。

第一原則，若有二個曾發生口角的人，同時參加同一次會議，則二人會互相坐在對面。

因爲當有爭論或欲指責對方時，通常皆由坐在對面的人發難。因此若在會議時，明明尚有其他空位，而某人卻特意要坐在你對面，那麼就表示，他可能對你有意見。

第二原則，有人提出某項意見後，接下來一定是由別人提出反對意見，因爲若不提出反對意見，則等於表示「贊成對方所言」。因此會說出自己的反對意見。

第三原則，主席的領導力很弱時，容易和對面的人開始說悄悄話。相反的，若主席領導力很强時，就不容易和隔壁的人說悄悄話。

●全體一致的幻想

一九六一年初，白宮集合了頂尖的學者，在新總統甘迺迪的主持下，討論外交政策。會議中的一個提案，是要受過訓練的CIA幹員，去進攻古巴。這個提案受到所有與會學者的支持並通過，但當真正執行這個計畫時，美國方面卻是以慘敗收場。

耶魯大學社會心理學者I·L·傑尼斯，他分析這個事件，是集體思考所造成的悲劇。發生集體思考的第一個原因是，有高昂的士氣及集結心强的人，在集體討論時容易太樂觀。

第二個原因，一個「咱們」意識强的團體，會重視大家一致的想法，即使自己有反對意見，也不輕易說出。

如此一來，在集體討論時，意見及判斷力會陷入十分極端的情形。

第一，「危險性雖高，一旦成功，則會有很大的成果。」危險性愈高，易有冒險性的決定。這就是危機轉移現象（Risky Shift）。由於如此，才決定進攻古巴。

第二，「不求大的成果，安全第一。」以安全性作爲決策的依據，此爲謹愼轉移現象（Cautious Shift）。

爲防止集體思考的弊端及有效解決問題，最好找一個團結心較低的團體來討論較安全。

④ 要小心純男性組成的會議

●擁擠會引起攻擊心

有一部電影，是由亨利方達所主演的「十二個憤怒的男人」。其內容是描述一群陪審員，在一開始討論就已判定此少年有罪，但是其中的一位陪審員突然發現起訴狀有問題，至此展開一段調查，終於使少年獲判無罪。

在這電影中，陪審團的成員都是男性，加上在狹小的房間裡進行長時間的討論，可能因爲這樣的氣氛使造成「有罪」的判決。

利用陪審團討論情形進行「模擬陪審員」的實驗。模擬陪審團的成員，是透過紐約時報的廣告所募集的，陪審員們用聽事件錄音帶（如放火致人於死），然後進行判決。

討論室分爲二種，一種是平均一人可使用一平方公尺的狹小空間，另一種是平均一人可使用三平方公尺，較寬大的空間。

結果，純男性的陪審員，在狹小的房間中所作出來的判決較嚴苛，而在寬廣的房間中所作的判決較寬鬆。另外，若是在狹小房間，較易出現火爆場面，並認爲較不舒適。

另一方面，若由純女性所組成的陪審團，則情況剛好與男性的情形完全相反。若是男女各半，則情況介在純同性的中間。

擁擠的情況，使男性具有攻擊傾向，例如在擁擠的電車上，男性比女性更容易暴躁。

若是純男性想進行十分熱烈的討論，則要在狹小的房間內進行，若只想作一般的討論則最好在較寬廣的房間。

純女性的會議，會議室的使用法與男性朋友相反。一般而言，男女各半的會議情況會較良好。

●用美女裸照控制攻擊心

純男性的會議，坐在硬椅子上，進行長時間的討論，有時會產生火藥味。在嚴肅的會議上，最好用較和緩的討論方式。

進行以下的實驗。男性七～八人，在三·六×二·七公尺的狹小房間，及在六×三五公尺的寬廣房間中，討論「對不良少年的處置」。

在膝蓋碰膝蓋，牆上又不好貼任何圖案的狹小會議室中討論，結果作出「對不良少年要嚴厲處置」的判決。此判決表示，參與討論者皆具有攻擊性，與先前實驗結果相同。

不論房間大小，若在房間牆上張貼美女裸照，作出的判決則比沒貼裸照時來得寬鬆。這是因爲，裸照可以抑制攻擊心。

純男性，又在狹小的房間中，易具有攻擊性，但若在壁上貼有裸照，則參加會議者見到裸照會情緒激動。爲了使自己不被評爲「因見裸照情緒激動而錯判」（實際上是攻擊性而非情緒激動），因此會克制自己的攻擊性。

這個「錯誤判斷」，是有抑制攻擊心的效果。

純男性的會議，容易有火爆的氣氛，這時，在會議室的牆上貼能使男性興奮的美女圖，或是藝術性高的圖畫，即能有效控制其心緒。

在會客室的牆上掛上圖畫、書法，或是在窗台上擺放盆栽、古董，這樣不但是美化環境，更是客人「眼睛的休息所」。

例如，在談話當中，能有一盆花在旁觀賞，能緩和緊張感及短暫休息，這樣可使談話的過程更舒適。

在狹小的房間中易產生攻擊心

純男性在狹小的房間中討論易生攻擊。

⑤如何能舒服地待在擁擠的電車中

●在通勤電車裡也可以覺得很舒適

當走下擠滿了人的電車時，身心都十分疲倦，這不只是身體勞累而覺得疲倦，還有因爲電車上吵雜擁擠而產生的疲倦。

曾以斯德哥爾摩電車上的男性乘客爲對象，作了一番調查，這電車擁擠的情形，比日本的情況更糟糕。

據研究，隨著每站上車的乘客愈來愈多，車內的乘客愈來愈覺得不舒服，這情形和日本是一樣的。

到終點站斯德哥爾摩，檢驗乘客的尿液發現，愈晚下車的乘客其腎上腺素比早下車的乘客來得高。

腎上腺素會使血壓上升、心跳加快、血糖量增高。以動物實驗發現，當長時間處在過於擁擠的狀況下，腎上腺素會大量分泌。

由於腎上腹素分泌異常，使動物陷入興奮狀態，有時甚至會心臟病發作或因潰瘍而死

通勤電車是「痛勤電車」

與自己喜歡的人同車可減少乘車的不快感

亡。

據先前的研究，擁擠電車上的乘客，上車的站離終點站近的，腎上腺素分泌較低。坐上有許多空位的車子，可自由選擇坐在自己喜歡的人旁邊，或是坐在自己喜歡的位子上，降低擁擠的壓力，則腎上腺素分泌量較低。

至於情侶一起在擁擠的車上，反而會更覺得親密。若無法和情人、妻子（丈夫）一同乘車的人，儘量和自己不討厭的人一起搭車會覺得較舒適。

⑥在廁所中消除疲勞

●在廁所中也會有自己喜歡的地方

「不要只用廁所的一部份，要充分利用到每一部份。」

在我服務公司的男生廁所中，貼了一張這樣的紙條，最近甚至貼出了「拜託」字樣，令人難以理解，但不久我就發現答案了。

在男子廁所中共有五個小便斗，一天，我用了一些方法觀察，發現了以下的情形。離入口最遠的第五個便斗，使用率是三四%，第四個便斗使用率約一五%，第三個大約二〇%，第二個約二三%。而使用率最低的，是那離入口最近，緊鄰洗手台的便斗，使用率約只有八%。

最裡面第五個便斗使用率高，是因爲較不被別人打擾，能維持隱私權。而第二及第三個小便斗使用率亦不低，是當最裡面的那個已有人在使用，而洗手台亦有人在用，第二及第三個恰皆有些距離。

也就是說，廁所不只是用來排泄而已，也是一個能讓人精神鬆弛的地方，即前面所謂

「自己喜歡的地方」。

●吸一口氣的瞬間

美國心理學者D·R·密特等數人，在男廁中進行如下之立場研究。

以一個有三個小便斗的男廁爲實驗場所，用下列三個實驗條件。

①在兩端任一個便斗貼上「禁止使用」的標誌，强迫緊鄰使用。

②將中間那個貼上「禁止使用」，使兩端隔離使用。

③將二個貼上「禁止使用」，只留一個可利用。

用特殊的潛望鏡觀察，並用碼錶記錄使用者拉開拉鏈至開始排尿的時間，以及排尿所需時間。

結果，兩端隔離使用及只容一人使用時，所需時間差不多。但若是强制緊鄰使用，即旁邊亦有人使用的情形下，所需時間就會縮短。

若只有一個人使用時，所用時間約二五秒，若緊鄰使用時，使用時間則爲二十秒。

雖然只差別短短的五秒鐘，但上廁所的人所感覺的舒適感差別非常大。

男性鬆一口氣的瞬間，約是二五秒。

最近的廁所都講究裝潢美麗，設備齊全，尤其在辦公室中的女廁，更有讓女性補妝及聊天的功能。廁所的功用已漸漸地在改變了。

●書店的廁所

最近，我常聽到許多人說：「我要去書店上廁所。」甚至比去買文具用品的人還要多。為什麼會這樣呢？

第一，「因為選書耗時」，長時間停留在書店內挑選書藉的人很多。

第二，「既然有那麼多的時間，就去書店看書吧。」許多人利用書店打發時間。

第三，「一進到書店中就覺得鬆了一口氣。」意外的，有許多人可在書店內紓解壓力。

書店有一種獨特的寂寞感，人們的動作自然地慢了下來，視線都被書本緊緊吸引，自然產生與身旁的人毫不關心的情形，於是身心都鬆懈了下來，一鬆懈，就會有想上廁所的感覺了。

書店內的廁所不像車站中的廁所那樣擁擠吵雜，大部份時候可以一人單獨使用，至少可以不必和別人緊鄰使用。

許多人依照經驗，都知道書店的廁所是很舒適的。

⑦觸摸的效果

●「手當」的意思

在日文中「手當」這句話，包含有傷殘疾病的津貼、備用的意思（缺額手當）、報酬（每月手當）、薪水（家族手當），亦有小費的意思。

除此之外，也有「手按在自己身體的意思」。例如頭痛或胃痛時，手會不知不覺按在頭及胃的位置。

法國一位有名的皇帝拿破崙，他以手臂放進背心裡胃的位置而知名；這是拿破崙神氣的英姿。

有人說，那是因爲拿破崙有胃病，因此將手按在肚子上。另一種說法是，拿破崙有皮膚病，因此把手放進背心裡去搔癢。若這些說法正確，那麼拿破崙是把手放在自己不舒服的地方。

●碰觸自己的習慣

「每個人都有自己的癖好」，認爲自己沒有癖好的人，其實只是自己看不到自己的習慣而已。最近，以大學生爲對象，調查自己的癖好。

結果，習慣摸或拉自己頭髮的人最多，摸臉頰或耳朵等次多。有碰觸自己身體習慣的，男性有五四％，女性有七〇％。

有時我們會用手去碰觸自己身體的一部份，追求「想像中的親密感」（被喜歡的人碰觸爲真正的親密感）。英國動物學家，曾著有『觀察人』一書的D·莫里斯，稱這種行爲叫自我親密性。

例如，當精神上受到傷害，或受到驚嚇時，被喜愛的人抱住或握著手，就會覺得放心。

但是若在公衆場合，或無親近的人在身旁時，就沒有這種觸摸，這時就會用自己的手碰觸自己的身體，以求得到安心的感覺。

有碰觸自己身體習慣，或將手按在身體不舒服的地方，是爲了要求精神上的安全感及因生病而有的不安，而產生的自我親密行爲。

●肢體語言

托著臉頰的手，代表的是正用手代替著母親，或戀人的肩膀、胸膛。所以若她正用手托著臉頰，不妨將肩讓她靠著，藉以安慰她。否則會以爲是「遲鈍的男人」，而被討厭。

當做錯事時，常會用手按著臉頰或頭髮，這是表示因爲「不知所措」，而希望被親愛的人撫摸臉頰或頭髮。

用指尖觸著嘴唇，是表示正在克服心裡的不安，想回復冷靜的心情，指尖是母親乳頭的代替品。吸吮指尖和嬰兒時期在哭鬧時吸奶嘴的用意是一樣的。

有些人在强烈不安時，會咬指關節或指甲，有時指甲會被咬得凹凸不平。也有人在此時會用力拉甚至拔下自己的頭髮，表示正處於極度壓抑的狀態。這些都是攻擊自己的行爲。

兩手抱胸是模仿在嬰兒期，母親抱著自己的動作。另外雙手抱胸亦有自我防衛的意味。

當兩手互相緊緊交握，一手是代表自己的手，另一手是代表想像中自己最親愛的人的手。這樣的動作是希望有人能緊握著自己的手。

若能迅速解讀肢體語言，就能更接近對方而增加親密感，但在分寸間要拿捏得當，避免造成性騷擾的誤會。

●觸摸的效用

在醫院裡，對病患進行觸診，比任何藥都要有用。

用令人心安的口吻說話，一面進行觸診：診脈、聽心跳、檢查口腔等。醫生充滿信心的指尖會令患者安心。

去探病時握著病人的手，或碰觸其身體，也有使病人放心的效果。

至於，以研究性而知名的學者W·H·馬斯特及V·E·强森表示：「有效果的性行爲，可完全的表達情感。」肌膚的接觸，是加深彼此情愛最好的方法。

美國的D·C·潘藍特教授說：「日本人不習慣將自己的情感直接傳達給對方，因此會避免與別人有身體上的接觸。」

其實，日本人擅長的是「飲酒溝通法」（一面喝酒，一面互相溝通），喝酒時，所有的虛僞都會除去，身體上的接觸也就會增加了。

正陷入情感低潮的男女，可增加身體上的接觸，或用飲酒溝通法，去彌補不足的愛情。

⑧是否聽見了？

●雞尾酒會效果

「正在往停車場的途中，聽到令人懷念的故鄉口音。」

這是石川啄木先生所作的一句詩。在吵雜的環境中，要清楚辨別各種聲音是很困難的，可是我們通常都可以在吵雜的環境，一面走路，一面和身旁的人說話。

歐美人所喜歡的雞尾酒會通常都是十分吵雜的，但不論多麼吵鬧，我們都可以和自己所喜歡的人說話，這就叫做雞尾酒會效果。

不論多吵鬧，只要集中注意力去聽，就可聽到要聽的聲音；相反的，若是沒有集中注意力，那就怎麼樣也聽不到要聽的聲音了。

用攝影機拍下宴會的情形，畫面很美但是來賓的致詞被周圍的吵雜聲掩蓋，幾乎聽不到。

這可以證明在宴會中有雞尾酒效果。

若說話者聲音不小，周圍亦不吵雜，但聽者仍一再問「你說什麼？」這可能是他不想聽，不喜歡聽，或是對話題不感興趣。

例如，上司在說話時，下屬都一副「馬耳東風」的模樣。因此在訓話或交待事項時，要注意對方是否正專心聆聽。

●讓對方有洗耳恭聽的心情

作一心理實驗。將耳機裝在兩耳，兩邊分別播放不同的訊息，其中一耳反覆播放同一訊息。

這是一種叫追唱的方式，人們只能注意其中一邊的訊息，另外一邊只知聲音的性別，說話的口氣，卻無法知道其內容。

但是突然在其中一邊加入聽者的姓名，則注意力會自動朝向那一方。

例如，若想要某人來幫忙，在一堆吵雜的聲音中大喊：「來幫忙一下。」是沒有用的，要用甜美的聲音說：「澀谷先生，來幫忙一下！」才有效。

要讓原本不注意聽你說話的人洗耳恭聽，就要先叫對方的名字，使其注意力集中，才有效。

●做好讓對方接受的氣氛

在宴會會場中，有數人聚在一起說話，你想和其中一人說話，這時該怎麼辦？

你要先調整自己耳朵的位置，到能清楚聽到對方說話爲止，這叫聽覺的定位。因爲人有二隻耳朵，才能這樣做。

實驗證明，將二隻傳送不同訊息的揚聲器分開約一〇～二〇度的距離，人們可以有選擇性，清楚地聽到兩邊所傳達的訊息。

然後，將頭朝向說話者，使他也能看見你，這樣一來就可判定對方是否想與你說話，或者對方根本對你毫不在意。

如何使對方注意你，可以像幼稚園老師一面拍手，一面說話，使對方的注意力集中在你身上。

人的耳朵並不能真正決定要聽或不聽，因此，其實並沒有最好的方法。

⑨何時才會出現靈感

●完成發明的四階段

一般都認爲「靈感是暫時將問題擱下，去做一些較輕鬆的事，靈感才會出現。」洗澡時，在床上休息，散步途中，聽音樂時，看電影、電視，靈感大多在這時候出現。

只是一味的思考，很難有新穎的創見構想。要暫時將困擾的問題拋開，專心地去做其他的事情，靈感就會突然而至。

阿基米德在洗澡時，看見水溢出澡盆外，於是發現了物體的比重定律。

Hieron國王命令阿基米德，查一查黄金的王冠，是否有混入銀的成份。阿基米德被這個問題給害苦了（此爲發明發現的第一階段，叫準備期）。

有一天，阿基米德暫時將這個惱人的問題拋開，到澡堂去泡了個舒服的澡（醞釀構想的第二階段，孵化期）

當他泡在浴池中時，看見水從地中溢了出去，他忘形地大喊：「優利加！（我知道了）」（第三階段，啓示期）。

後來，他正式地去思考當時所得的靈感，驗證是否正確（第四階段，檢證期）。如何好好地運用「孵化期」是決定能否得到靈感的關鍵。

●產生靈感的三個條件

第一，暫時徹底忘掉令人困擾的問題，轉移注意力到其他事物上。

「如果無法忘掉前一天的事情，我不去上班，因爲若仍耿耿於懷昨日的事，無法進入今天的情況。」日本人壽保險社長伊藤助成先生如是說。

伊藤先生是位滑雪愛好者，他曾自美國四千公尺高的雪山上滑降而下。一般而言，一個最高領導者容易暫時忘掉工作上的事，能將工作暫時忘卻，解放固定的常識概念，才能有美妙的靈感出現。

第二，易受感動的人

愛因斯坦說：「引發求知的最大動機，是其貢獻於世界人類後所得到快樂。」工作的喜悦與成功的感動，還有別人對其成果的讚美，都成了工作的原動力。

館豐夫先生（三菱汽車公司會長）說：「在這個變化劇烈的時代，有易感動的人才會成長。」所謂易感動的人，是純粹由工作中得到快樂，不怕失敗，因此容易得到靈感。

第三，嘗試「暫時擱置」法。

「先把問題擱著吧」，百思不解的問題，先將之擺放一旁試試。

光一味地去思考問題，會愈來愈鑽進牛角尖裡，產生「極端態度」的現象。

所以，當有一點想法開始萌發，或會議正熱烈討論時，要將其暫時擱置，因爲，說不定會有更好的靈感產生。

將所有該做的都做好了，就可以採用「暫時擱置」法，悠哉悠哉地去休息，才會有劃時代的靈感出現。

後記

「瞎貓碰見死耗子」，想做事卻被捲入糾紛中；想邀女孩子約會卻被拒絕；提出的建議被上司斥回。似乎若不做，就不會有錯，但是若仍是如此下去，是無法改變自己什麼的。

在嘗試錯誤中，有時會出現意外的幸運。心理學的常識可以在我們遇到困境時給予一些意見。希望讀者們可以從本書中獲得一些意見。

常常一些我們認為「本來就這樣」想當然耳的事情，卻不知其所以然。

本書即提供一些心理學上的知識，也許是一些大家認為「那是當然的」。要真正了解一些心理學上的問題是十分困難的，要將那些想當然耳或以為自己已知道的事，再用心地了解一次才好。

我很怕這本書變成無用的書，它其實並不是無內容的書，它具有相當的實用性，而我很努力地想把它寫成有趣又有意義。各位認為如何？

最後，要感謝那些幫助我著書的朋友們，由於大家的協助，想出那麼多使大家相處更快樂的方法。本書中有許多有趣的實驗，這些內容若能幫助大家溝通，或成為大家互相了解的關鍵，我會覺得十分榮幸。

大展出版社有限公司 圖書目錄

地址：台北市北投區11204
致遠一路二段12巷1號
電話：(02) 8236031
8236033
郵撥： 0166955～1
傳眞：(02) 8272069

•法律專欄連載•電腦編號58

台大法學院 法律學系／策劃
法律服務社／編著

①別讓您的權利睡著了[1]	200元
②別讓您的權利睡著了[2]	200元

•秘傳占卜系列•電腦編號14

①手相術	淺野八郎著	150元
②人相術	淺野八郎著	150元
③西洋占星術	淺野八郎著	150元
④中國神奇占卜	淺野八郎著	150元
⑤夢判斷	淺野八郎著	150元
⑥前世、來世占卜	淺野八郎著	150元
⑦法國式血型學	淺野八郎著	150元
⑧靈感、符咒學	淺野八郎著	150元
⑨紙牌占卜學	淺野八郎著	150元
⑩ＥＳＰ超能力占卜	淺野八郎著	150元
⑪猶太數的秘術	淺野八郎著	150元
⑫新心理測驗	淺野八郎著	160元

•趣味心理講座•電腦編號15

①性格測驗１	探索男與女	淺野八郎著	140元
②性格測驗２	透視人心奧秘	淺野八郎著	140元
③性格測驗３	發現陌生的自己	淺野八郎著	140元
④性格測驗４	發現你的真面目	淺野八郎著	140元
⑤性格測驗５	讓你們吃驚	淺野八郎著	140元
⑥性格測驗６	洞穿心理盲點	淺野八郎著	140元
⑦性格測驗７	探索對方心理	淺野八郎著	140元
⑧性格測驗８	由吃認識自己	淺野八郎著	140元
⑨性格測驗９	戀愛知多少	淺野八郎著	140元

⑩性格測驗10　由裝扮瞭解人心　淺野八郎著　140元
⑪性格測驗11　敲開內心玄機　淺野八郎著　140元
⑫性格測驗12　透視你的未來　淺野八郎著　140元
⑬血型與你的一生　淺野八郎著　140元
⑭趣味推理遊戲　淺野八郎著　140元

·婦幼天地·電腦編號16

①八萬人減肥成果　黃靜香譯　150元
②三分鐘減肥體操　楊鴻儒譯　150元
③窈窕淑女美髮秘訣　柯素娥譯　130元
④使妳更迷人　成　玉譯　130元
⑤女性的更年期　官舒姸編譯　160元
⑥胎內育兒法　李玉瓊編譯　150元
⑦早產兒袋鼠式護理　唐岱蘭譯　200元
⑧初次懷孕與生產　婦幼天地編譯組　180元
⑨初次育兒12個月　婦幼天地編譯組　180元
⑩斷乳食與幼兒食　婦幼天地編譯組　180元
⑪培養幼兒能力與性向　婦幼天地編譯組　180元
⑫培養幼兒創造力的玩具與遊戲　婦幼天地編譯組　180元
⑬幼兒的症狀與疾病　婦幼天地編譯組　180元
⑭腿部苗條健美法　婦幼天地編譯組　150元
⑮女性腰痛別忽視　婦幼天地編譯組　150元
⑯舒展身心體操術　李玉瓊編譯　130元
⑰三分鐘臉部體操　趙薇妮著　160元
⑱生動的笑容表情術　趙薇妮著　160元
⑲心曠神怡減肥法　川津祐介著　130元
⑳內衣使妳更美麗　陳玄茹譯　130元
㉑瑜伽美姿美容　黃靜香編著　150元
㉒高雅女性裝扮學　陳珮玲譯　180元
㉓蠶糞肌膚美顏法　坂梨秀子著　160元
㉔認識妳的身體　李玉瓊譯　160元
㉕產後恢復苗條體態　居理安·芙萊喬著　200元
㉖正確護髮美容法　山崎伊久江著　180元

·青春天地·電腦編號17

①A血型與星座　柯素娥編譯　120元
②B血型與星座　柯素娥編譯　120元
③O血型與星座　柯素娥編譯　120元
④AB血型與星座　柯素娥編譯　120元

⑤青春期性教室	呂貴嵐編譯	130元
⑥事半功倍讀書法	王毅希編譯	150元
⑦難解數學破題	宋釗宜編譯	130元
⑧速算解題技巧	宋釗宜編譯	130元
⑨小論文寫作秘訣	林顯茂編譯	120元
⑪中學生野外遊戲	熊谷康編著	120元
⑫恐怖極短篇	柯素娥編譯	130元
⑬恐怖夜話	小毛驢編譯	130元
⑭恐怖幽默短篇	小毛驢編譯	120元
⑮黑色幽默短篇	小毛驢編譯	120元
⑯靈異怪談	小毛驢編譯	130元
⑰錯覺遊戲	小毛驢編譯	130元
⑱整人遊戲	小毛驢編譯	150元
⑲有趣的超常識	柯素娥編譯	130元
⑳哦！原來如此	林慶旺編譯	130元
㉑趣味競賽100種	劉名揚編譯	120元
㉒數學謎題入門	宋釗宜編譯	150元
㉓數學謎題解析	宋釗宜編譯	150元
㉔透視男女心理	林慶旺編譯	120元
㉕少女情懷的自白	李桂蘭編譯	120元
㉖由兄弟姊妹看命運	李玉瓊編譯	130元
㉗趣味的科學魔術	林慶旺編譯	150元
㉘趣味的心理實驗室	李燕玲編譯	150元
㉙愛與性心理測驗	小毛驢編譯	130元
㉚刑案推理解謎	小毛驢編譯	130元
㉛偵探常識推理	小毛驢編譯	130元
㉜偵探常識解謎	小毛驢編譯	130元
㉝偵探推理遊戲	小毛驢編譯	130元
㉞趣味的超魔術	廖玉山編著	150元
㉟趣味的珍奇發明	柯素娥編著	150元
㊱登山用具與技巧	陳瑞菊編著	150元

・健 康 天 地・電腦編號 18

①壓力的預防與治療	柯素娥編譯	130元
②超科學氣的魔力	柯素娥編譯	130元
③尿療法治病的神奇	中尾良一著	130元
④鐵證如山的尿療法奇蹟	廖玉山譯	120元
⑤一日斷食健康法	葉慈容編譯	120元
⑥胃部強健法	陳炳崑譯	120元
⑦癌症早期檢查法	廖松濤譯	130元

⑧老人痴呆症防止法	柯素娥編譯	130元
⑨松葉汁健康飲料	陳麗芬編譯	130元
⑩揉肚臍健康法	永井秋夫著	150元
⑪過勞死、猝死的預防	卓秀貞編譯	130元
⑫高血壓治療與飲食	藤山順豐著	150元
⑬老人看護指南	柯素娥編譯	150元
⑭美容外科淺談	楊啟宏著	150元
⑮美容外科新境界	楊啟宏著	150元
⑯鹽是天然的醫生	西英司郎著	140元
⑰年輕十歲不是夢	梁瑞麟譯	200元
⑱茶料理治百病	桑野和民著	180元
⑲綠茶治病寶典	桑野和民著	150元
⑳杜仲茶養顏減肥法	西田博著	150元
㉑蜂膠驚人療效	瀨長良三郎著	150元
㉒蜂膠治百病	瀨長良三郎著	150元
㉓醫藥與生活	鄭炳全著	160元
㉔鈣長生寶典	落合敏著	180元
㉕大蒜長生寶典	木下繁太郎著	160元
㉖居家自我健康檢查	石川恭三著	160元
㉗永恒的健康人生	李秀鈴譯	200元
㉘大豆卵磷脂長生寶典	劉雪卿譯	150元
㉙芳香療法	梁艾琳譯	160元
㉚醋長生寶典	柯素娥譯	元

・實用女性學講座・電腦編號 19

①解讀女性內心世界	島田一男著	150元
②塑造成熟的女性	島田一男著	150元
③女性整體裝扮學	黃靜香編著	180元
④職業婦女禮儀	黃靜香編著	180元

・校 園 系 列・電腦編號 20

①讀書集中術	多湖輝著	150元
②應考的訣竅	多湖輝著	150元
③輕鬆讀書贏得聯考	多湖輝著	150元
④讀書記憶秘訣	多湖輝著	150元
⑤視力恢復！超速讀術	江錦雲譯	180元

・實用心理學講座・電腦編號 21

①拆穿欺騙伎倆	多湖輝著	140元
②創造好構想	多湖輝著	140元
③面對面心理術	多湖輝著	140元
④僞裝心理術	多湖輝著	140元
⑤透視人性弱點	多湖輝著	140元
⑥自我表現術	多湖輝著	150元
⑦不可思議的人性心理	多湖輝著	150元
⑧催眠術入門	多湖輝著	150元
⑨責罵部屬的藝術	多湖輝著	150元
⑩精神力	多湖輝著	150元
⑪厚黑說服術	多湖輝著	150元
⑫集中力	多湖輝著	150元
⑬構想力	多湖輝著	150元
⑭深層心理術	多湖輝著	160元
⑮深層語言術	多湖輝著	160元
⑯深層說服術	多湖輝著	180元
⑰潛在心理術	多湖輝著	160元

・超現實心理講座・電腦編號 22

①超意識覺醒法	詹蔚芬編譯	130元
②護摩秘法與人生	劉名揚編譯	130元
③秘法！超級仙術入門	陸　明譯	150元
④給地球人的訊息	柯素娥編著	150元
⑤密教的神通力	劉名揚編著	130元
⑥神秘奇妙的世界	平川陽一著	180元
⑦地球文明的超革命	吳秋嬌譯	200元
⑧力量石的秘密	吳秋嬌譯	180元

・養 生 保 健・電腦編號 23

①醫療養生氣功	黃孝寬著	250元
②中國氣功圖譜	余功保著	230元
③少林醫療氣功精粹	井玉蘭著	250元
④龍形實用氣功	吳大才等著	220元
⑤魚戲增視強身氣功	宮　嬰著	220元
⑥嚴新氣功	前新培金著	250元
⑦道家玄牝氣功	張　章著	180元

⑧仙家秘傳袪病功　李遠國著　160元
⑨少林十大健身功　秦慶豐著　180元
⑩中國自控氣功　張明武著　250元
⑪醫療防癌氣功　黃孝寬著　220元
⑫醫療強身氣功　黃孝寬著　220元
⑬醫療點穴氣功　黃孝寬著　220元

• 社會人智囊 • 電腦編號 24

①糾紛談判術　清水增三著　160元
②創造關鍵術　淺野八郎著　150元
③觀人術　淺野八郎著　180元
④應急詭辯術　廖英迪編著　160元
⑤天才家學習術　木原武一著　160元
⑥猫型狗式鑑人術　淺野八郎著　180元
⑦逆轉運掌握術　淺野八郎著　180元

• 精 選 系 列 • 電腦編號 25

①毛澤東與鄧小平　渡邊利夫等著　280元
②中國大崩裂　180元

• 心 靈 雅 集 • 電腦編號 00

①禪言佛語看人生　松濤弘道著　180元
②禪密教的奧秘　葉逯謙譯　120元
③觀音大法力　田口日勝著　120元
④觀音法力的大功德　田口日勝著　120元
⑤達摩禪106智慧　劉華亭編譯　150元
⑥有趣的佛教研究　葉逯謙編譯　120元
⑦夢的開運法　蕭京凌譯　130元
⑧禪學智慧　柯素娥編譯　130元
⑨女性佛教入門　許俐萍譯　110元
⑩佛像小百科　心靈雅集編譯組　130元
⑪佛教小百科趣談　心靈雅集編譯組　120元
⑫佛教小百科漫談　心靈雅集編譯組　150元
⑬佛教知識小百科　心靈雅集編譯組　150元
⑭佛學名言智慧　松濤弘道著　220元
⑮釋迦名言智慧　松濤弘道著　220元
⑯活人禪　平田精耕著　120元
⑰坐禪入門　柯素娥編譯　120元

⑱現代禪悟	柯素娥編譯	130元
⑲道元禪師語錄	心靈雅集編譯組	130元
⑳佛學經典指南	心靈雅集編譯組	130元
㉑何謂「生」　阿含經	心靈雅集編譯組	150元
㉒一切皆空　般若心經	心靈雅集編譯組	150元
㉓超越迷惘　法句經	心靈雅集編譯組	130元
㉔開拓宇宙觀　華嚴經	心靈雅集編譯組	130元
㉕真實之道　法華經	心靈雅集編譯組	130元
㉖自由自在　涅槃經	心靈雅集編譯組	130元
㉗沈默的教示　維摩經	心靈雅集編譯組	150元
㉘開通心眼　佛語佛戒	心靈雅集編譯組	130元
㉙揭秘寶庫　密教經典	心靈雅集編譯組	130元
㉚坐禪與養生	廖松濤譯	110元
㉛釋尊十戒	柯素娥編譯	120元
㉜佛法與神通	劉欣如編著	120元
㉝悟（正法眼藏的世界）	柯素娥編譯	120元
㉞只管打坐	劉欣如編譯	120元
㉟喬答摩・佛陀傳	劉欣如編著	120元
㊱唐玄奘留學記	劉欣如編譯	120元
㊲佛教的人生觀	劉欣如編譯	110元
㊳無門關（上卷）	心靈雅集編譯組	150元
㊴無門關（下卷）	心靈雅集編譯組	150元
㊵業的思想	劉欣如編著	130元
㊶佛法難學嗎	劉欣如著	140元
㊷佛法實用嗎	劉欣如著	140元
㊸佛法殊勝嗎	劉欣如著	140元
㊹因果報應法則	李常傳編	140元
㊺佛教醫學的奧秘	劉欣如編著	150元
㊻紅塵絕唱	海　若著	130元
㊼佛教生活風情	洪丕謨、姜玉珍著	220元
㊽行住坐臥有佛法	劉欣如著	160元
㊾起心動念是佛法	劉欣如著	160元
㊿四字禪語	曹洞宗青年會	200元
51妙法蓮華經	劉欣如編著	160元

・經 營 管 理・電腦編號 01

◎創新經營管理六十六大計（精）	蔡弘文編	780元
①如何獲取生意情報	蘇燕謀譯	110元
②經濟常識問答	蘇燕謀譯	130元
③股票致富68秘訣	簡文祥譯	200元

④台灣商戰風雲錄	陳中雄著	120元
⑤推銷大王秘錄	原一平著	180元
⑥新創意・賺大錢	王家成譯	90元
⑦工廠管理新手法	琪　輝著	120元
⑧奇蹟推銷術	蘇燕謀譯	100元
⑨經營參謀	柯順隆譯	120元
⑩美國實業24小時	柯順隆譯	80元
⑪撼動人心的推銷法	原一平著	150元
⑫高竿經營法	蔡弘文編	120元
⑬如何掌握顧客	柯順隆譯	150元
⑭一等一賺錢策略	蔡弘文編	120元
⑯成功經營妙方	鐘文訓著	120元
⑰一流的管理	蔡弘文編	150元
⑱外國人看中韓經濟	劉華亭譯	150元
⑲企業不良幹部群相	琪輝編著	120元
⑳突破商場人際學	林振輝編著	90元
㉑無中生有術	琪輝編著	140元
㉒如何使女人打開錢包	林振輝編著	100元
㉓操縱上司術	邑井操著	90元
㉔小公司經營策略	王嘉誠著	160元
㉕成功的會議技巧	鐘文訓編譯	100元
㉖新時代老闆學	黃柏松編著	100元
㉗如何創造商場智囊團	林振輝編譯	150元
㉘十分鐘推銷術	林振輝編譯	120元
㉙五分鐘育才	黃柏松編譯	100元
㉚成功商場戰術	陸明編譯	100元
㉛商場談話技巧	劉華亭編譯	120元
㉜企業帝王學	鐘文訓譯	90元
㉝自我經濟學	廖松濤編譯	100元
㉞一流的經營	陶田生編著	120元
㉟女性職員管理術	王昭國編譯	120元
㊱ＩＢＭ的人事管理	鐘文訓編譯	150元
㊲現代電腦常識	王昭國編譯	150元
㊳電腦管理的危機	鐘文訓編譯	120元
㊴如何發揮廣告效果	王昭國編譯	150元
㊵最新管理技巧	王昭國編譯	150元
㊶一流推銷術	廖松濤編譯	150元
㊷包裝與促銷技巧	王昭國編譯	130元
㊸企業王國指揮塔	松下幸之助著	120元
㊹企業精銳兵團	松下幸之助著	120元
㊺企業人事管理	松下幸之助著	100元

㊻華僑經商致富術	廖松濤編譯	130元
㊼豐田式銷售技巧	廖松濤編譯	120元
㊽如何掌握銷售技巧	王昭國編著	130元
㊿洞燭機先的經營	鐘文訓編譯	150元
52新世紀的服務業	鐘文訓編譯	100元
53成功的領導者	廖松濤編譯	120元
54女推銷員成功術	李玉瓊編譯	130元
55ＩＢＭ人才培育術	鐘文訓編譯	100元
56企業人自我突破法	黃琪輝編著	150元
58財富開發術	蔡弘文編著	130元
59成功的店舖設計	鐘文訓編著	150元
61企管回春法	蔡弘文編著	130元
62小企業經營指南	鐘文訓編譯	100元
63商場致勝名言	鐘文訓編譯	150元
64迎接商業新時代	廖松濤編譯	100元
66新手股票投資入門	何朝乾　編	180元
67上揚股與下跌股	何朝乾編譯	180元
68股票速成學	何朝乾編譯	180元
69理財與股票投資策略	黃俊豪編著	180元
70黃金投資策略	黃俊豪編著	180元
71厚黑管理學	廖松濤編譯	180元
72股市致勝格言	呂梅莎編譯	180元
73透視西武集團	林谷燁編譯	150元
76巡迴行銷術	陳蒼杰譯	150元
77推銷的魔術	王嘉誠譯	120元
7860秒指導部屬	周蓮芬編譯	150元
79精銳女推銷員特訓	李玉瓊編譯	130元
80企劃、提案、報告圖表的技巧	鄭　汶　譯	180元
81海外不動產投資	許達守編譯	150元
82八百件的世界策略	李玉瓊譯	150元
83服務業品質管理	吳宜芬譯	180元
84零庫存銷售	黃東謙編譯	150元
85三分鐘推銷管理	劉名揚編譯	150元
86推銷大王奮鬥史	原一平著	150元
87豐田汽車的生產管理	林谷燁編譯	150元

・成 功 寶 庫・電腦編號 02

①上班族交際術	江森滋著	100元
②拍馬屁訣竅	廖玉山編譯	110元
④聽話的藝術	歐陽輝編譯	110元

⑨求職轉業成功術	陳　義編著	110元
⑩上班族禮儀	廖玉山編著	120元
⑪接近心理學	李玉瓊編著	100元
⑫創造自信的新人生	廖松濤編著	120元
⑭上班族如何出人頭地	廖松濤編著	100元
⑮神奇瞬間瞑想法	廖松濤編譯	100元
⑯人生成功之鑰	楊意苓編著	150元
⑱潛在心理術	多湖輝　著	100元
⑲給企業人的諍言	鐘文訓編著	120元
⑳企業家自律訓練法	陳　義編譯	100元
㉑上班族妖怪學	廖松濤編著	100元
㉒猶太人縱橫世界的奇蹟	孟佑政編著	110元
㉓訪問推銷術	黃静香編著	130元
㉕你是上班族中強者	嚴思圖編著	100元
㉖向失敗挑戰	黃静香編著	100元
㉙機智應對術	李玉瓊編著	130元
㉚成功頓悟100則	蕭京凌編譯	130元
㉛掌握好運100則	蕭京凌編譯	110元
㉜知性幽默	李玉瓊編譯	130元
㉝熟記對方絕招	黃静香編譯	100元
㉞男性成功秘訣	陳蒼杰編譯	130元
㊱業務員成功秘方	李玉瓊編著	120元
㊲察言觀色的技巧	劉華亭編著	130元
㊳一流領導力	施義彥編譯	120元
㊴一流說服力	李玉瓊編著	130元
㊵30秒鐘推銷術	廖松濤編譯	150元
㊶猶太成功商法	周蓮芬編譯	120元
㊷尖端時代行銷策略	陳蒼杰編著	100元
㊸顧客管理學	廖松濤編著	100元
㊹如何使對方說Yes	程　羲編著	150元
㊺如何提高工作效率	劉華亭編著	150元
㊼上班族口才學	楊鴻儒譯	120元
㊽上班族新鮮人須知	程　羲編著	120元
㊾如何左右逢源	程　羲編著	130元
㊿語言的心理戰	多湖輝著	130元
(51)扣人心弦演說術	劉名揚編著	120元
(53)如何增進記憶力、集中力	廖松濤譯	130元
(55)性惡企業管理學	陳蒼杰譯	130元
(56)自我啟發200招	楊鴻儒編著	150元
(57)做個傑出女職員	劉名揚編著	130元
(58)靈活的集團營運術	楊鴻儒編著	120元

⑥⓪個案研究活用法	楊鴻儒編著	130元
⑥①企業教育訓練遊戲	楊鴻儒編著	120元
⑥②管理者的智慧	程　義編譯	130元
⑥③做個佼佼管理者	馬筱莉編譯	130元
⑥④智慧型說話技巧	沈永嘉編譯	130元
⑥⑥活用佛學於經營	松濤弘道著	150元
⑥⑦活用禪學於企業	柯素娥編譯	130元
⑥⑧詭辯的智慧	沈永嘉編譯	150元
⑥⑨幽默詭辯術	廖玉山編譯	150元
⑦⓪拿破崙智慧箴言	柯素娥編譯	130元
⑦①自我培育•超越	蕭京凌編譯	150元
⑦④時間即一切	沈永嘉編譯	130元
⑦⑤自我脫胎換骨	柯素娥譯	150元
⑦⑥贏在起跑點—人才培育鐵則	楊鴻儒編譯	150元
⑦⑦做一枚活棋	李玉瓊編譯	130元
⑦⑧面試成功戰略	柯素娥編譯	130元
⑦⑨自我介紹與社交禮儀	柯素娥編譯	150元
⑧⓪說NO的技巧	廖玉山編譯	130元
⑧①瞬間攻破心防法	廖玉山編譯	120元
⑧②改變一生的名言	李玉瓊編譯	130元
⑧③性格性向創前程	楊鴻儒編譯	130元
⑧④訪問行銷新竅門	廖玉山編譯	150元
⑧⑤無所不達的推銷話術	李玉瓊編譯	150元

•處世智慧•電腦編號03

①如何改變你自己	陸明編譯	120元
②人性心理陷阱	多湖輝著	90元
④幽默說話術	林振輝編譯	120元
⑤讀書36計	黃柏松編譯	120元
⑥靈感成功術	譚繼山編譯	80元
⑧扭轉一生的五分鐘	黃柏松編譯	100元
⑨知人、知面、知其心	林振輝譯	110元
⑩現代人的詭計	林振輝譯	100元
⑫如何利用你的時間	蘇遠謀譯	80元
⑬口才必勝術	黃柏松編譯	120元
⑭女性的智慧	譚繼山編譯	90元
⑮如何突破孤獨	張文志編譯	80元
⑯人生的體驗	陸明編譯	80元
⑰微笑社交術	張芳明譯	90元
⑱幽默吹牛術	金子登著	90元

⑲攻心說服術	多湖輝著	100元
⑳當機立斷	陸明編譯	70元
㉑勝利者的戰略	宋恩臨編譯	80元
㉒如何交朋友	安紀芳編著	70元
㉓鬥智奇謀（諸葛孔明兵法）	陳炳崑著	70元
㉔慧心良言	亦　奇著	80元
㉕名家慧語	蔡逸鴻主編	90元
㉗稱霸者啟示金言	黃柏松編譯	90元
㉘如何發揮你的潛能	陸明編譯	90元
㉙女人身態語言學	李常傳譯	130元
㉚摸透女人心	張文志譯	90元
㉛現代戀愛秘訣	王家成譯	70元
㉜給女人的悄悄話	妮倩編譯	90元
㉞如何開拓快樂人生	陸明編譯	90元
㉟驚人時間活用法	鐘文訓譯	80元
㊱成功的捷徑	鐘文訓譯	70元
㊲幽默逗笑術	林振輝著	120元
㊳活用血型讀書法	陳炳崑譯	80元
㊴心　燈	葉于模著	100元
㊵當心受騙	林顯茂譯	90元
㊶心・體・命運	蘇燕謀譯	70元
㊷如何使頭腦更敏銳	陸明編譯	70元
㊸宮本武藏五輪書金言錄	宮本武藏著	100元
㊺勇者的智慧	黃柏松編譯	80元
㊼成熟的愛	林振輝譯	120元
㊽現代女性駕馭術	蔡德華著	90元
㊾禁忌遊戲	酒井潔著	90元
㊾摸透男人心	劉華亭編譯	80元
㊾如何達成願望	謝世輝著	90元
㊾創造奇蹟的「想念法」	謝世輝著	90元
㊾創造成功奇蹟	謝世輝著	90元
㊾男女幽默趣典	劉華亭譯	90元
㊾幻想與成功	廖松濤譯	80元
㊾反派角色的啟示	廖松濤編譯	70元
㊾現代女性須知	劉華亭編著	75元
㊾機智說話術	劉華亭編譯	100元
㊾如何突破內向	姜倩怡編譯	110元
㊾讀心術入門	王家成編譯	100元
㊾如何解除內心壓力	林美羽編著	110元
㊾取信於人的技巧	多湖輝著	110元
㊾如何培養堅強的自我	林美羽編著	90元

國立中央圖書館出版品預行編目資料

人際圓融術/澀谷昌三著；陳蒼杰譯
——初版，——臺北市，大展，民84
面；　公分，——（社會人智囊；8）
譯自：人づきあいに效く「クスリ」
ISBN 957-557-561-X（平裝）

177.3　　84012263

人際圓融術

ISBN 957-557-561-X

原著者/澀谷昌三
編譯者/陳蒼杰
發行人/蔡森明
出版者/大展出版社有限公司
社址/台北市北投區（石牌）致遠一路2段12巷1號
電話/（02）8236031·8236033
傳真/（02）8272069
郵政劃撥/0166955-1
登記證/局版臺業字第2171號
承印者/國順圖書有限公司
裝訂/嶸興裝訂有限公司
排版者/宏益電腦排版有限公司
電話/（02）5611592
初版/1995年（民84年）12月
定價/160元

大展好書 好書大展

大展好書 好書大展